THÉORIE
DU POTENTIEL

ET SES APPLICATIONS

A L'ÉLECTROSTATIQUE ET AU MAGNÉTISME.

OUVRAGES DE M. ÉMILE MATHIEU.

Dynamique analytique. In-4; 1878 .... 15 fr.

Tous les Ouvrages de Mécanique commencent par l'exposition des mêmes principes; mais ils se séparent bientôt selon que l'auteur a voulu faire un Traité de Mécanique rationnelle ou s'est proposé surtout la théorie des Machines. Quant aux Ouvrages de Mécanique rationnelle, ordinairement ils renferment, surtout comme applications, des problèmes peu réalisables, tandis que la puissance de la Mécanique rationnelle se montre principalement dans l'étude du mouvement des corps célestes. Aussi est-ce vers ce côté que sont dirigées les théories de la *Dynamique analytique* de M. Mathieu, qui pourrait être intitulée *Prodrome de Mécanique céleste*. On peut citer deux Ouvrages qui ont été faits dans le même but : la *Mécanique analytique* de Lagrange et les *Vorlesungen über Dynamik* de Jacobi, qui sont de date beaucoup plus récente. Mais, bien que M. Mathieu ait utilisé tous les résultats acquis à la Science dans cette branche des Mathématiques, c'est avec celui de Lagrange que son Ouvrage a, par l'exposition, le plus d'analogie.

Traité de Physique mathématique.

I. Cours de Physique mathématique. In-4; 1873 .... 15 fr.

II. Théorie de la capillarité. In-4; 1883 .... 10 fr.

III. Théorie du potentiel et ses applications a l'Électrostatique et au Magnétisme.

Première Partie. — *Théorie du potentiel.* In-4; 1885 .... 9 fr.

Deuxième Partie. — *Applications à l'Électrostatique et au Magnétisme.* (Sous presse.)

10188 Paris. — Imprimerie de Gauthier-Villars, quai des Augustins, 55.

THÉORIE
DU POTENTIEL

ET SES APPLICATIONS

A L'ÉLECTROSTATIQUE ET AU MAGNÉTISME,

PAR

M. ÉMILE MATHIEU,

PROFESSEUR A LA FACULTÉ DES SCIENCES DE NANCY.

PREMIÈRE PARTIE.

THÉORIE DU POTENTIEL.

PARIS,

GAUTHIER-VILLARS, IMPRIMEUR-LIBRAIRE

DU BUREAU DES LONGITUDES, DE L'ÉCOLE POLYTECHNIQUE,

SUCCESSEUR DE MALLET-BACHELIER,

Quai des Augustins, 55.

1885

PRÉFACE.

Ce Livre forme le troisième Volume du *Traité de Physique mathématique*, dont j'ai annoncé la publication dans la Préface de ma *Théorie de la Capillarité*. J'y examine les propriétés du potentiel et d'autres fonctions qui jouent un rôle analogue dans la Physique mathématique. Dans le Volume suivant, je donnerai les applications de la Théorie du potentiel à l'Électrostatique et au Magnétisme.

Une grande partie des théorèmes relatifs au potentiel prennent leur principal intérêt dans les propriétés physiques qu'ils démontrent; mais la séparation des premiers théorèmes de leurs applications a cet avantage de permettre de les exposer plus facilement avec une complète rigueur.

Il n'est pas sans intérêt de faire remarquer que les résultats mathématiques, qui sont exposés ici, ont pris leur origine dans la Physique mathématique, mais que beaucoup peuvent être transportés, ou l'ont été déjà, dans des recherches de Mathématiques pures.

THÉORIE
DU POTENTIEL.

CHAPITRE I.

PROPRIÉTÉS GÉNÉRALES DU POTENTIEL.

Les forces de la Nature, qui s'exercent à des distances sensibles, agissent en général en raison directe des masses dont elles émanent et en raison inverse du carré de leur distance. Ainsi c'est à cette loi que sont soumises la gravitation des corps célestes et aussi l'attraction ou la répulsion provenant de l'électricité statique ou du magnétisme.

C'est une loi élémentaire, c'est-à-dire qu'elle ne s'applique qu'à deux masses concentrées chacune en un point, et l'on en peut conclure, au moyen du calcul, les actions réciproques des corps ou des fluides électriques et magnétiques. Nous commencerons par nous occuper de certaines propriétés générales de l'attraction.

Définition du potentiel.

1. Soient m, m' deux masses concentrées en deux points; l'attraction entre ces deux masses sera $\frac{hmm'}{r^2}$, r étant la distance entre m et m' et h une constante qui indique l'attraction qui a lieu entre deux masses égales à l'unité et séparées par une distance prise pour unité. Pour

simplifier les formules, nous supposerons que cette dernière force est prise pour unité, en sorte que $h = 1$.

Les axes de coordonnées étant supposés rectangulaires, soient (a, b, c), (a', b', c'), (a'', b'', c''), ... les coordonnées de différents points dont les masses sont m, m', m'', ... et cherchons la résultante de leurs actions sur l'unité de masse placée au point P, dont les coordonnées sont (x, y, z) et dont les distances aux premiers points sont r, r', r'', ... Le point m exerce sur P une attraction donnée par l'expression $\frac{m}{r^2}$, où l'on a

$$r^2 = (a - x)^2 + (b - y)^2 + (c - z)^2;$$

et, comme cette force est dirigée suivant la droite r, ses composantes suivant les trois axes sont

$$(1) \qquad \frac{m(a - x)}{r^3}, \quad \frac{m(b - y)}{r^3}, \quad \frac{m(c - z)}{r^3}$$

ou

$$(2) \qquad \frac{d\frac{m}{r}}{dx}, \quad \frac{d\frac{m}{r}}{dy}, \quad \frac{d\frac{m}{r}}{dz}.$$

Donc, si l'on pose

$$V = \sum \frac{m}{r},$$

les composantes de la force totale qui agit sur le point P seront

$$\frac{dV}{dx}, \quad \frac{dV}{dy}, \quad \frac{dV}{dz},$$

et la quantité V est dite le *potentiel* des masses m, m', ..., pris au point P.

Si l'action de m sur le point P était répulsive, les composantes de cette force seraient les expressions (1) ou (2) changées de signe. Donc, si l'on imagine que les masses m, m', m'', ... aient les unes une action attractive sur le point P, les autres une action répulsive, on posera

$$V = \Sigma \pm \frac{m}{r},$$

en prenant dans chaque terme le signe + ou − suivant que la masse qui s'y trouve attire ou repousse le point P, et les composantes de la force totale qui sollicite ce point seront encore les dérivées de V par rapport à x, y, z.

Supposons qu'il s'agisse des fluides électriques, que l'on partage en fluide positif et fluide négatif. On sait que deux particules d'électricité de nom contraire s'attirent et que deux particules de même nom se repoussent. Regardant d'après cela $m, m', m'', \ldots$ comme des quantités d'électricité qui portent le signe qui les désigne et posant

$$V = \sum \frac{m}{r}, \tag{3}$$

alors les quantités

$$\frac{dV}{dx}, \quad \frac{dV}{dy}, \quad \frac{dV}{dz}$$

seront les composantes de leur action sur le point P si l'unité d'électricité négative s'y trouve concentrée, et

$$-\frac{dV}{dx}, \quad -\frac{dV}{dy}, \quad -\frac{dV}{dz}$$

seront les mêmes composantes si le point P renferme l'unité d'électricité positive.

Les mêmes remarques s'étendent aux fluides magnétiques.

La quantité V donnée par la formule (3) est encore dite le potentiel des masses $m, m', m'', \ldots$ par rapport au point P.

2. Désignons par F la résultante des forces qui agissent sur le point (x, y, z) et par α, β, γ ses angles avec les axes de coordonnées, nous aurons pour la force F et ses composantes suivant les axes des x, y, z

$$F = \sqrt{\left(\frac{dV}{dx}\right)^2 + \left(\frac{dV}{dy}\right)^2 + \left(\frac{dV}{dz}\right)^2},$$

$$X = F\cos\alpha = \pm\frac{dV}{dx}, \quad Y = F\cos\beta = \pm\frac{dV}{dy}, \quad Z = F\cos\gamma = \pm\frac{dV}{dz}.$$

Par tous les points pour lesquels V a la même valeur, faisons passer une surface qui s'appelle *surface de niveau*. Si l'on passe d'un point (x, y, z) de cette surface à un autre point infiniment voisin de cette même surface, on aura

$$\frac{dV}{dx}dx + \frac{dV}{dy}dy + \frac{dV}{dz}dz = 0;$$

donc la force est perpendiculaire à la droite qui joint ces deux points; la force est par suite normale à la surface.

Menons une ligne qui en chacun de ses points soit tangente à la force qui s'exerce en ce point; elle sera normale aux surfaces de niveau qu'elle traversera, et on l'appelle *ligne de force*. Si l'on prend le long de cette ligne $\int F\,ds$ entre deux de ses points correspondant aux valeurs s_0 et s_1 de la ligne s, on aura

$$\int_{s_0}^{s_1} F\,ds = \int_{s_0}^{s_1} \frac{dV}{ds}ds = V_1 - V_0,$$

V_0, V_1 étant les valeurs de V aux deux points extrêmes.

Conditions de continuité auxquelles satisfait le potentiel d'une masse.

3. Si nous passons d'un système de points matériels séparés à des masses continues, l'expression du potentiel se changera en intégrales triples relatives aux volumes de ces masses, et nous allons démontrer la proposition suivante :

Théorème. — *Le potentiel V d'une masse pris en un point P et ses premières dérivées par rapport aux coordonnées x, y, z de ce point varient d'une manière continue dans tout l'espace.*

Désignons par ρ la densité en chaque point de la masse attirante, par $d\varpi$ son élément de volume et par r la distance entre le point (a, b, c) situé en $d\varpi$ et le point (x, y, z); nous aurons

$$V = \int \frac{\rho\, d\varpi}{r}, \quad \frac{dV}{dx} = X = \int \rho \frac{a - x}{r^3} d\varpi,$$

avec

$$r^2 = (a - x)^2 + (b - y)^2 + (c - z)^2.$$

Si le point (x, y, z) est en dehors de la masse, la fonction V et toutes ses dérivées par rapport à x, y, z sont finies, puisque la fonction soumise au signe d'intégration dans leurs expressions ne prend que des valeurs finies. De plus, pour qu'une fonction soit continue, il suffit que ses dérivées du premier ordre restent finies; donc V et toutes ses dérivées des divers ordres sont des fonctions continues de x, y, z quand le point P est en dehors de la masse.

Supposons ensuite que le point P soit intérieur à la masse. Prenons, au lieu des coordonnées a, b, c, des coordonnées polaires r, θ, λ dont l'origine soit au point P; nous aurons

$$a = x + r\cos\theta, \quad b = y + r\sin\theta\cos\lambda, \quad c = z + r\sin\theta\sin\lambda;$$

alors l'élément de volume $d\varpi$ sera représenté par $r^2\sin\theta\, d\theta\, d\lambda\, dr$, et les expressions de V et $\frac{dV}{dx}$ deviendront

$$V = \int\int\int \rho r \sin\theta\, d\theta\, d\lambda\, dr,$$

$$\frac{dV}{dx} = \int\int\int \rho \cos\theta \sin\theta\, d\theta\, d\lambda\, dr,$$

où l'on doit étendre l'intégration par rapport à r depuis zéro jusqu'à la valeur de r relative à la surface du volume occupé par la masse, par rapport à θ de o à π et par rapport à λ de o à 2π. Il en résulte que V et ses premières dérivées sont finies; donc aussi V est continu, et je dis qu'il en est de même des premières dérivées.

En effet, décomposons le volume de la masse en deux parties : l'une relative à une sphère décrite du point P comme centre avec un rayon très petit ε, et l'autre relative à la partie restante. Soient V_1 et V_2 les parties correspondantes de V; nous aurons

$$\frac{dV}{dx} = \frac{dV_1}{dx} + \frac{dV_2}{dx},$$

$$\frac{dV_1}{dx} = \int_0^{2\pi} d\lambda \int_0^{\pi} \cos\theta \sin\theta\, d\theta \int_0^{\varepsilon} \rho\, dr.$$

Donnons à ρ la valeur maximum ρ_1 qu'il prend dans la sphère; prenons tous les éléments avec le même signe en remplaçant $\cos\theta$ par 1; nous aurons

$$\frac{dV_1}{dx} < 2\pi\rho_1 \int_0^{\pi} \sin\theta\, d\theta \int_0^{\varepsilon} dr \quad \text{ou} \quad < 4\pi\rho_1\varepsilon.$$

Si le point P était sur la surface du corps, la sphère serait remplacée par un hémisphère et l'inégalité précédente aurait lieu à plus forte raison; $\frac{dV_1}{dx}$ est donc aussi petit qu'on veut, et, comme V_2 se rapporte à une masse qui ne contient pas le point P, $\frac{dV_2}{dx}$ varie d'une manière continue; donc $\frac{dV}{dx}$ varie aussi d'une manière continue.

Nous reconnaissons que les dérivées premières de V sont des fonctions continues de x, y, z; mais nous verrons qu'il en est autrement pour les dérivées d'ordre plus élevé.

Théorème de Laplace.

4. Le point (x, y, z) en lequel on prend le potentiel V étant supposé en dehors de la masse, on aura

$$\frac{dX}{dx} = \frac{d^2V}{dx^2} = \int \rho \left[-\frac{1}{r^3} + \frac{3(a-x)^2}{r^5} \right] dm;$$

et l'on obtiendra de même

$$\frac{d^2V}{dy^2} = \int \rho \left[-\frac{1}{r^3} + \frac{3(b-y)^2}{r^5} \right] dm,$$

$$\frac{d^2V}{dz^2} = \int \rho \left[-\frac{1}{r^3} + \frac{3(c-z)^2}{r^5} \right] dm.$$

En ajoutant ces trois expressions, on trouve

$$\frac{d^2V}{dx^2} + \frac{d^2V}{dy^2} + \frac{d^2V}{dz^2} = 0.$$

Cette importante équation a été trouvée par Laplace, qui en a fait des applications remarquables dans sa *Théorie de la figure des corps célestes* (*Mécanique céleste*, t. II).

Pour simplifier l'écriture, nous représenterons dans la suite par ΔV l'expression

$$\frac{d^2V}{dx^2} + \frac{d^2V}{dy^2} + \frac{d^2V}{dz^2}.$$

Si le point P ou (x, y, z) est situé dans l'intérieur de la masse, les expressions trouvées pour les secondes dérivées de V ne sont plus admissibles. En effet, si nous adoptons des coordonnées polaires comme ci-dessus, l'expression trouvée pour $\frac{d^2V}{dx^2}$ deviendra

$$\frac{dX}{dx} = \frac{d^2V}{dx^2} = \int\int\int \rho \frac{-1+3\cos^2\theta}{r} \sin\theta\, d\theta\, d\lambda\, dr.$$

les limites des intégrales étant prises comme précédemment. L'intégration par rapport à r doit donner la partie de cette expression qui est relative à un cône d'ouverture infiniment petite dont le sommet est au point P, et, cette intégration s'effectuant à partir de $r=0$, l'élément qui en résulte est infini. Mais tous les éléments semblables étant en partie positifs, en partie négatifs, leur somme ou l'intégrale triple qui précède est indéterminée.

Ainsi il n'y a plus lieu d'admettre l'équation $\Delta V = 0$, quand le point P est intérieur à la masse.

Sur l'intégration par parties appliquée à une intégrale triple.

5. Soient U et F deux fonctions finies et continues de x, y, z et de plus dont les dérivées sont finies, et considérons l'intégrale

$$I = \int\int\int U \frac{dF}{dx}\, dx\, dy\, dz,$$

étendue à un volume ϖ limité par la surface σ.

En intégrant par parties par rapport à x et supposant d'abord pour simplifier qu'une droite parallèle à l'axe des x ne rencontre la surface qu'en deux points dont les abscisses sont x_1 et x_2, nous aurons

$$(1) \qquad dy\, dz \int U \frac{dF}{dx}\, dx = (UF)_2\, dy\, dz - (UF)_1\, dy\, dz - dy\, dz \int F \frac{dU}{dx}\, dx,$$

les indices 1 et 2 indiquant qu'on a substitué dans UF les abscisses x_1 et x_2 au lieu de x. Cette formule fournit la partie de l'intégrale triple relative à un filet prismatique dont la section droite est $dy\, dz$ et qui est parallèle à l'axe des x. Désignons par $d\sigma_1$ et $d\sigma_2$ les parties de σ qui limitent le filet, et par λ l'angle que fait avec l'axe des x la normale à

σ menée extérieurement. En mettant des indices à λ pour les deux éléments $d\sigma_1$ et $d\sigma_2$, nous aurons

$$dy\,dz = d\sigma_2 \cos\lambda_2, \quad dy\,dz = -\,d\sigma_1 \cos\lambda_1.$$

Remplaçons $dy\,dz$ par ces deux expressions dans les deux premiers termes du second membre de (1) et faisons la somme des équations (1) pour tout le volume ϖ, nous aurons cette formule

$$(2) \qquad \int U \frac{dF}{dx}\,d\varpi = \int UF\cos\lambda\,d\sigma - \int F\frac{dU}{dx}\,d\varpi,$$

les deux intégrales triples s'étendant à tout le volume ϖ, et l'intégrale double à toute la surface σ.

Si une parallèle à l'axe des x rencontrait la surface fermée σ en plus de deux points, ces points seraient en nombre pair et, $x_1, x_2, \ldots, x_{2n}$ étant leurs abscisses, les deux premiers termes du second membre de (1) seraient remplacés par la somme

$$-(UF)_1\,dy\,dz + (UF)_2\,dy\,dz - \ldots + (UF)_{2n}\,dy\,dz,$$

l'angle λ sur les éléments interceptés de la surface σ étant alternativement aigu et obtus, et l'on arriverait encore à la formule (2).

La formule (2) a été employée par Poisson plusieurs fois dans ses Mémoires de Physique mathématique.

6. Nous pouvons former des équations semblables à l'équation (2) en intégrant par rapport à y ou à z. Soient μ, ν les angles de la normale à σ avec les axes des y et des z, et désignons par F_1 et F_2 deux fonctions continues ainsi que leurs dérivées du premier ordre. En ajoutant à l'équation (2) deux équations semblables, nous aurons

$$\int U\left(\frac{dF}{dx} + \frac{dF_1}{dy} + \frac{dF_2}{dz}\right)d\varpi = \int U(F\cos\lambda + F_1\cos\mu + F_2\cos\nu)\,d\sigma$$
$$- \int\left(F\frac{dU}{dx} + F_1\frac{dU}{dy} + F_2\frac{dU}{dz}\right)d\varpi.$$

Si l'on fait dans cette formule $U = 1$, on obtient la suivante :

$$\int\left(\frac{dF}{dx} + \frac{dF_1}{dy} + \frac{dF_2}{dz}\right)d\varpi = \int (F\cos\lambda + F_1\cos\mu + F_2\cos\nu)\,d\sigma,$$

dont s'est servi Laplace dans la théorie de la capillarité, pour déterminer le volume du liquide soulevé dans un tube capillaire.

Valeur de ΔV pour un point (x, y, z) intérieur à la masse.

7. Poisson a donné le premier ce théorème (*Bulletin de la Société philomathique*, t. III, p. 368) :

Si le point (x, y, z) est à l'intérieur de la masse agissante, le potentiel V de cette masse en ce point satisfait à l'équation

$$\Delta V = -4\pi\rho,$$

ρ étant la densité de la masse au même point.

Gauss est le premier qui ait eu égard, dans la démonstration de ce théorème, à la variation de la densité ρ de la masse (*Œuvres de Gauss*, t. V, p. 197).

Supposons la densité ρ variable et ainsi fonction des coordonnées (a, b, c) du point de la masse auquel elle se rapporte, et formons d'abord une expression de la dérivée de V par rapport à x. Nous avons

$$V = \int \frac{\rho}{r} d\varpi$$

et

$$\frac{dV}{dx} = \int \rho \frac{d\frac{1}{r}}{dx} d\varpi.$$

Comme on a

$$r^2 = (x-a)^2 + (y-b)^2 + (z-c)^2,$$

il en résulte

$$\frac{d\frac{1}{r}}{dx} = -\frac{d\frac{1}{r}}{da};$$

ainsi on obtient

$$\frac{dV}{dx} = -\int \rho \frac{d\frac{1}{r}}{da} d\varpi.$$

Les quantités r et ρ sont fonctions des coordonnées a, b, c de chaque point de la masse renfermée sous le volume ϖ.

Si le point P ou (x, y, z) était extérieur au volume ϖ, on pourrait appliquer la formule (2) du n° 5 à la transformation de cette dernière intégrale et l'on aurait

$$(a) \qquad \int \rho \frac{d\frac{1}{r}}{da} d\varpi = \int \frac{\rho \cos\lambda}{r} d\sigma - \int \frac{1}{r} \frac{d\rho}{da} d\varpi.$$

Or je dis que cette formule a également lieu quand le point P est intérieur à la masse. En effet, $\frac{1}{r}$ étant infini quand le point (a, b, c) vient au point P, appliquons la formule (2) à la même intégrale étendue seulement au volume compris entre la surface σ et une sphère σ' décrite du point P comme centre avec un rayon ε infiniment petit. En désignant par $d\varpi'$ l'élément de volume de la sphère, et par λ' l'angle de la normale à la sphère, avec l'axe des x, nous aurons

$$\int \rho \frac{d\frac{1}{r}}{da} d\varpi + \int \rho \frac{1}{r^2} \frac{dr}{da} d\varpi'$$
$$= \int \frac{\rho \cos\lambda}{r} d\sigma + \int \frac{\rho \cos\lambda'}{r} d\sigma' - \int \frac{1}{r} \frac{d\rho}{da} d\varpi + \int \frac{1}{r} \frac{d\rho}{da} d\varpi'.$$

En désignant par $d\omega$ l'élément de la surface sphérique dont le rayon est 1, on a

$$d\sigma' = \varepsilon^2 d\omega, \quad d\varpi' = r^2 dr\, d\omega,$$

et l'on en conclut bien facilement que les trois intégrales relatives à la sphère s'annulent pour $\varepsilon = 0$; on a donc encore l'équation (a) ou la formule

$$X = \frac{dV}{dx} = -\int \frac{\rho \cos\lambda}{r} d\sigma + \int \frac{1}{r} \frac{d\rho}{da} d\varpi.$$

8. Pour obtenir $\frac{d^2V}{dx^2}$, on pourra différentier les deux intégrales, qui composent X, sous le signe d'intégration. En effet, le point P étant à l'intérieur de σ, $\frac{1}{r}$ ne devient pas infini sur cette surface; la première intégrale n'a donc aucun élément infini. La seconde représente le potentiel d'une masse dont la densité est $\frac{d\rho}{da}$, et nous avons vu (n° 3)

qu'on la différentie par rapport à x, en différentiant la quantité soumise au signe d'intégration. On aura donc

$$\frac{d^2V}{dx^2} = -\int \frac{\rho \cos\lambda}{r^2} \frac{a-x}{r} d\tau + \int \frac{d\rho}{da} \frac{a-x}{r^3} d\varpi$$

ou

$$(b) \qquad \frac{d^2V}{dx^2} = -\int \frac{\rho \cos\lambda \cos\alpha}{r^2} d\tau + \int \frac{d\rho}{da} \frac{\cos\alpha}{r^2} d\varpi,$$

en désignant par α l'angle de r avec l'axe des x.

La densité ρ étant supposée une fonction continue de a, b, c aux environs du point P, décrivons une sphère σ' du point P comme centre avec un très petit rayon; puis partageons V en deux parties : l'une V' relative à la masse comprise dans cette sphère, l'autre V'' relative à la masse restante. Nous aurons

$$\Delta V = \Delta V' + \Delta V'';$$

d'après ce que nous avons vu, nous aurons

$$\Delta V'' = 0,$$

et il reste à calculer $\Delta V'$.

Appliquons à V' la formule (b); nous aurons

$$\frac{d^2V'}{dx^2} = -\int \frac{\rho \cos^2\alpha}{r^2} d\tau' + \int \frac{d\rho}{da} \frac{\cos\alpha}{r^2} d\varpi'.$$

Formons de la même manière les quantités $\frac{d^2V'}{dy^2}$, $\frac{d^2V'}{dz^2}$, et ajoutons ces trois expressions; nous aurons

$$\Delta V' = -\int \frac{\rho}{r^2} d\sigma' + \int \left(\frac{d\rho}{da} \cos\alpha + \frac{d\rho}{db} \cos\beta + \frac{d\rho}{dc} \cos\gamma \right) \frac{1}{r^2} d\varpi',$$

β et γ étant les angles du rayon r avec les axes des y et des z.

Si des trois coordonnées polaires du point (a, b, c) on fait varier r seulement, on a

$$\frac{da}{dr} = \cos\alpha, \quad \frac{db}{dr} = \cos\beta, \quad \frac{dc}{dr} = \cos\gamma;$$

donc

$$\Delta V' = -\int \frac{\rho}{r^2} d\sigma' + \int \frac{1}{r^2} \frac{d\rho}{dr} d\varpi' = -\int \rho \, d\omega + \int\int \frac{d\rho}{dr} d\omega \, dr;$$

or la seconde intégrale a pour valeur

$$\int (\rho - \rho_0)\, d\omega = \int \rho\, d\omega - 4\pi\rho_0,$$

où ρ indique la densité à la surface σ' et ρ_0 sa valeur au centre P; on a donc enfin

$$\Delta V = \Delta V' = -4\pi\rho_0.$$

Ainsi ΔV varie brusquement de $-4\pi\rho$ à zéro, quand le point P sort de la masse attirante; quand P est sur la surface même qui termine cette masse, ΔV est indéterminé, et, en général, il l'est également en tout point où la densité de la masse varie brusquement.

Énoncé des propriétés caractéristiques du potentiel d'une ou plusieurs masses continues.

9. Démontrons d'abord une autre propriété du potentiel que celles que nous avons déjà obtenues.

Soient M une masse comprise dans un espace fini E et P ou (x, y, z) le point dans lequel on prend le potentiel; on a

$$V = \int \frac{\rho\, d\varpi}{r},$$

r étant la distance du point P à chaque élément de masse $\rho\, d\varpi$. Soient H un point de l'espace E, R sa distance au point P et t sa distance à l'élément de masse. On aura

$$r^2 = R^2 - 2tR\cos\omega + t^2,$$

ω étant l'angle de t et de R. Supposons R très grand par rapport à toutes les valeurs de t, nous aurons

$$\frac{1}{r} = \frac{1}{R}\left(1 - 2\frac{t}{R}\cos\omega + \frac{t^2}{R^2}\right)^{-\frac{1}{2}} = \frac{1}{R} + \frac{G}{R^2},$$

G étant une quantité qui reste finie quand R grandit indéfiniment. Portons cette expression dans V et nous aurons

$$V = \frac{1}{R}\int \rho\, d\varpi + \frac{1}{R^2}\int \rho G\, d\varpi = \frac{M}{R} + \frac{L}{R^2},$$

L restant fini pour $R=\infty$. Donc, quand R croît indéfiniment, on a

$$\lim(VR)=M.$$

Ainsi le potentiel V d'une masse M située dans un espace fini E, pris au point (x, y, z), jouit des propriétés suivantes :

1° V et ses premières dérivées par rapport à x, y, z sont des fonctions continues de x, y, z dans tout l'espace.

2° Si nous désignons par R la distance du point (x, y, z) à un point déterminé de l'espace E, la limite de VR, quand R croît indéfiniment, tend vers une constante déterminée qui est la masse M.

3° Si l'on excepte certaines surfaces, on a, dans tout l'espace,

$$\Delta V=-4\pi\rho,$$

ρ étant la densité de la masse au point (x, y, z). Ainsi, quand le point est situé hors de la masse, ρ dans cette formule doit être pris égal à zéro.

Nous démontrerons plus loin que, réciproquement, toute fonction qui satisfait à ces conditions est identique au potentiel d'une masse, dont la densité en chacun de ses points est égale à ρ.

Formule dite de Green.

10. Soient U et V deux fonctions des coordonnées x, y, z d'un point quelconque de l'espace ϖ, où les fonctions U et V sont continues, ainsi que leurs dérivées du premier ordre. Considérons l'intégrale

$$J=\int\left(\frac{dU}{dx}\frac{dV}{dx}+\frac{dU}{dy}\frac{dV}{dy}+\frac{dU}{dz}\frac{dV}{dz}\right)d\varpi$$

étendue à tout le volume ϖ. Nous pouvons appliquer la formule (2) du n° 5,

$$\int U\frac{dF}{dx}d\varpi=\int UF\cos\lambda\,d\sigma-\int F\frac{dU}{dx}d\varpi,$$

en remplaçant U par $\frac{dU}{dx}$ et F par V; si nous remarquons de plus que, en désignant par dn l'élément de normale extérieure à la surface σ, et par dx, dy, dz les projections de cet élément sur les axes de coordonnées, nous avons

$$\cos\lambda = \frac{dx}{dn},$$

il en résultera

$$\int \frac{dU}{dx}\frac{dV}{dx}\,d\varpi = \int V\frac{dU}{dx}\frac{dx}{dn}\,d\sigma - \int V\frac{d^2U}{dx^2}\,d\varpi.$$

Nous aurons deux autres équations semblables en remplaçant x par y et par z; ajoutons ces trois équations et nous aurons

$$(1) \qquad J = \int V\frac{dU}{dn}\,d\sigma - \int V\Delta U\,d\varpi.$$

La valeur de J ne change pas si nous permutons U et V; nous avons donc aussi

$$J = \int U\frac{dV}{dn}\,d\sigma - \int U\Delta V\,d\varpi.$$

En égalant ces deux valeurs de J, nous obtenons

$$(2) \qquad \int (U\Delta V - V\Delta U)\,d\varpi = \int \left(U\frac{dV}{dn} - V\frac{dU}{dn}\right)d\sigma.$$

Si les fonctions U et V ne sont connues qu'à l'intérieur de σ, ou si leurs dérivées sont discontinues sur cette surface, il faudra mener l'élément de normale vers l'intérieur, et, en désignant par dn' cet élément, remplacer $\frac{dV}{dn}$, $\frac{dU}{dn}$ par $-\frac{dV}{dn'}$, $-\frac{dU}{dn'}$; car dn et dn' sont pris positifs et dV, dU changent de signe, quand on les prend suivant la direction opposée. On remplacera donc les formules (1) et (2) par les deux suivantes :

$$(3) \qquad J = -\int V\frac{dU}{dn'}\,d\sigma - \int V\Delta U\,d\varpi,$$

$$(4) \qquad \int (U\Delta V - V\Delta U)\,d\varpi = -\int \left(U\frac{dV}{dn'} - V\frac{dU}{dn'}\right)d\sigma.$$

La formule (4) est celle qui sert à déterminer les coefficients de la série qui donne le refroidissement d'un corps; elle a donc été employée dans différents cas par Fourier et Poisson, longtemps avant l'apparition du Mémoire de Green, sur la théorie de l'électricité. Cette formule est cependant appelée, en général, équation de Green.

11. La température v d'un corps isotrope qui se refroidit satisfait à l'équation

$$k\frac{dv}{dt} = \Delta v,$$

où k est une constante et t le temps; de plus, on a, en prenant pour zéro la température du milieu ambiant, la condition

$$\frac{dv}{dn'} - hv = 0$$

sur la surface σ du corps, h étant constant. On met v sous la forme d'une série convergente

$$v = A_0 U_0 e^{-\alpha_0^2 t} + A_1 U_1 e^{-\alpha_1^2 t} + \ldots + A_i U_i e^{-\alpha_i^2 t} + \ldots,$$

A_0, A_1, ... étant des coefficients indéterminés, et U_0, U_1, ... des fonctions qui satisfont dans le corps à l'équation

(5) $$\Delta U_i = -k\alpha_i^2 U_i,$$

et à la surface, à l'équation

(6) $$\frac{dU_i}{dn'} - hU_i = 0;$$

U et U' étant deux de ces fonctions, on a, d'après la formule (4),

$$\int (U\Delta U' - U'\Delta U)\,d\varpi = -\int \left(U\frac{dU'}{dn'} - U'\frac{dU}{dn'} \right) d\sigma,$$

et, en se servant des équations (5) et (6), cette formule devient

$$\int UU'\,d\varpi = 0.$$

On donne la valeur F de v à l'instant initial; on a donc

$$F = A_0 U_0 + A_1 U_1 + \ldots + A_i U_i + \ldots.$$

Multiplions par $U_i d\varpi$ et intégrons dans toute l'étendue du corps; nous aurons cette équation pour déterminer le coefficient A_i,

$$A_i \int U_i^2 d\varpi = \int F U_i d\varpi \quad (^1).$$

Valeur moyenne de la composante normale de la force sur une surface fermée.

12. De la formule (2) du n° **10**, on déduit facilement ce théorème de Gauss :

Si V est le potentiel de masses, les unes intérieures à la surface fermée σ et dont la somme est M et les autres extérieures à cette surface, on a

$$\int \frac{dV}{dn} d\sigma = -4\pi M,$$

l'intégrale étant étendue à toute la surface σ.

En effet, dans la formule (2) du numéro cité, faisons $U = 1$; nous aurons

$$\int \Delta V \, d\varpi = \int \frac{dV}{dn} d\sigma.$$

Or, ρ étant la densité des masses intérieures à σ, on a

$$\Delta V = -4\pi\rho,$$

formule qu'on peut supposer appliquée à tous les points du volume ϖ, pourvu qu'on regarde ρ comme nul en dehors de la masse M. On a donc

$$\int \frac{dV}{dn} d\sigma = -4\pi \int \rho \, d\varpi = -4\pi M.$$

13. Nous allons ensuite présenter la démonstration que Gauss a donnée de ce théorème.

---

(1) Le Mémoire de Green qui donne la formule (4) a paru à Nottingham en 1828; mais il n'a été connu sur le continent qu'en 1850, par sa publication dans le *Journal de Crelle*. Le calcul du n° 11 se trouve présenté deux fois dans toute sa généralité dans le XXIIe Cahier du *Journal de l'École Polytechnique*, 1833, p. 169, par Duhamel, et p. 204, par Lamé.

Lemme. — Joignons un point fixe O à chaque élément $d\sigma$ d'une surface fermée par un rayon r, et désignons par u l'angle que fait ce rayon avec la normale intérieure menée à $d\sigma$. Nous aurons la formule

$$\int \frac{\cos u}{r^2} d\sigma = 4\pi, \ 0 \text{ ou } 2\pi,$$

où l'intégrale est étendue à toute la surface, suivant que le point est en dedans, en dehors ou sur la surface même.

Supposons d'abord le point O à l'intérieur de la surface σ. Concevons un cône ayant pour sommet le point O et d'une ouverture infiniment étroite. La surface conique, arrêtée à son sommet, rencontrera la surface σ en un nombre impair d'éléments $d\sigma'$, $d\sigma''$, ...; soient u', u'', ... les valeurs que prend l'angle u sur ces éléments et soient r', r'', ... les distances de ces éléments. Si l'on désigne de plus, par $d\omega$ l'élément de la sphère, dont le rayon est l'unité et dont le centre est O, intercepté par ce cône, nous aurons

$$d\sigma' \cos u' = r'^2 d\omega, \quad d\sigma'' \cos u'' = -r''^2 d\omega, \quad d\sigma''' \cos u''' = r'''^2 d\omega, \quad \ldots,$$

les cosinus de u', u'', u''', ... étant alternativement positifs et négatifs; il en résulte, en divisant ces égalités par r'^2, r''^2, ... et les ajoutant

$$\frac{d\sigma' \cos u'}{r'^2} + \frac{d\sigma'' \cos u''}{r''^2} + \ldots = d\omega,$$

et en intégrant cette expression pour tous les cônes d'ouverture infiniment petite dont le sommet est en O, on a

$$\int \frac{\cos u}{r^2} d\sigma = 4\pi.$$

Supposons ensuite le point O à l'extérieur de σ; un cône, d'ouverture infiniment petite, dont le sommet est en O, étant mené vers la surface, la rencontrera en un nombre pair d'éléments et, en adoptant les notations précédentes, on aura

$$d\sigma' \cos u' = -r'^2 d\omega, \quad d\sigma'' \cos u'' = r''^2 d\omega, \quad \ldots,$$

et il en résultera

$$\frac{d\sigma' \cos u'}{r'^2} + \frac{d\sigma'' \cos u''}{r''^2} + \ldots = 0.$$

En faisant la somme de toutes les égalités semblables, on obtient

$$\int \frac{\cos u}{r^2} d\sigma = 0.$$

Enfin, dans le cas où le point O est sur la surface σ, menons le plan tangent à la surface au point O. Ce plan divisera une sphère infiniment petite, dont le centre est en O en deux hémisphères, l'un situé du côté du volume renfermé sous σ, l'autre situé de l'autre côté. Pour le premier côté, le point O peut être considéré comme intérieur; pour le second, comme extérieur. Donc l'intégrale

$$\int \frac{\cos u}{r^2} d\sigma$$

sera égale à 2π pour les éléments $d\sigma$ situés du premier côté et égale à o pour les autres éléments; donc cette intégrale, étendue à toute la surface, est égale à 2π.

14. Revenons au théorème du n° **12**. Si r est la distance entre l'élément $d\sigma$ et un élément dM de la masse intérieure M ou un élément dM' de la masse extérieure, on a

$$\int \frac{dM \cos u}{r^2} d\sigma = 4\pi\, dM, \quad \int \frac{dM' \cos u}{r^2} d\sigma = 0.$$

Faisons la somme de toutes ces égalités, en prenant tous les éléments dM et dM', et nous aurons

$$\int d\sigma \int \frac{\cos u}{r^2} dM + \int d\sigma \int \frac{\cos u}{r^2} dM' = 4\pi M.$$

Or on a

$$V = \int \frac{dM}{r} + \int \frac{dM'}{r},$$

$$\frac{dV}{dn} = -\int \frac{\cos u}{r^2} dM - \int \frac{\cos u}{r^2} dM';$$

il en résulte la formule

$$\int \frac{dV}{dn} d\sigma = -4\pi M.$$

Conditions pour lesquelles une fonction de x, y, z se réduit au potentiel d'une masse continue.

15. Supposons qu'une fonction V de x, y, z satisfasse aux conditions suivantes :

1° V et ses premières dérivées par rapport à x, y, z sont partout continues;

2° La limite de

$$V\sqrt{x^2+y^2+z^2}$$

est une constante finie et déterminée quand le point (x, y, z) s'éloigne à l'infini;

3° En exceptant certaines surfaces, on a partout

$$\Delta V = -4\pi\rho,$$

ρ étant une fonction de x, y, z qui a des valeurs finies données dans un espace fini et qui est nulle en dehors de cet espace.

Je dis que V est le potentiel d'une masse dont la densité est ρ dans tous les points de l'espace. Ce potentiel satisfait, comme nous avons vu (n° 9), à ces conditions; il s'agit donc de prouver qu'il n'existe pas une seconde fonction V' qui y satisfasse aussi. Posons

$$u = V - V';$$

la fonction u satisfera à la première et à la deuxième condition et, comme on a

$$(a) \qquad \Delta V = -4\pi\rho, \quad \Delta V' = -4\pi\rho,$$

la troisième condition sera remplacée par

$$\Delta u = 0,$$

qui aura lieu partout, à moins que ce ne soit sur les surfaces pour lesquelles les équations (a) n'ont pas lieu toutes les deux.

Dans l'équation trouvée précédemment (n° 10),

$$\int\left(\frac{dU}{dx}\frac{dV}{dx}+\frac{dU}{dy}\frac{dV}{dy}+\frac{dU}{dz}\frac{dV}{dz}\right)d\varpi = \int V\frac{dU}{dn}\,d\sigma - \int V\,\Delta U\,d\varpi,$$

faisons $U = V = u$, nous aurons

$$(A)\qquad \int\left[\left(\frac{du}{dx}\right)^2+\left(\frac{du}{dy}\right)^2+\left(\frac{du}{dz}\right)^2\right]d\varpi=\int u\frac{du}{dn}\,d\tau.$$

Menons une sphère qui ait son centre à l'origine des coordonnées et dont le rayon R soit très grand, en sorte qu'elle renferme toutes les surfaces sur lesquelles Δu n'est pas nul. Menons à égale distance de chaque surface d'exception s deux surfaces parallèles τ et très voisines. Du volume renfermé dans la sphère supprimons les parties très petites renfermées entre chaque couple de surfaces τ et appliquons à la partie restante la formule (A).

L'intégrale du second membre appliquée à deux surfaces τ parallèles donnera à la limite des valeurs égales et de signe contraire. Il n'y a donc plus qu'à examiner ce que devient cette intégrale pour la surface de la sphère. Or, $d\omega$ étant l'élément de la surface de la sphère dont le rayon est 1, on aura

$$\int u\frac{du}{dn}\,d\tau=R^2\int u\frac{du}{dR}\,d\omega,$$

et, d'après la deuxième condition, on peut poser, quand R est très grand,

$$u=\frac{A}{R},\quad \frac{du}{dR}=-\frac{A}{R^2},$$

A étant une constante finie. Cette intégrale devient donc

$$-\frac{A^2}{R}\int d\omega=-\frac{4\pi A^2}{R},$$

et elle est nulle quand R est infini.

Ainsi l'équation (A) devient

$$\int\left[\left(\frac{du}{dx}\right)^2+\left(\frac{du}{dy}\right)^2+\left(\frac{du}{dz}\right)^2\right]d\varpi=0,$$

et l'on a par suite

$$\frac{du}{dx}=0,\quad \frac{du}{dy}=0,\quad \frac{du}{dz}=0$$

en tous les points et même sur les surfaces s, puisque les dérivées de

u doivent être continues. Ainsi u se réduit à une constante et cette constante est nulle, puisque u doit être nul à l'infini; donc $V' = V$.

Principe de Dirichlet.

16. Nous allons démontrer ce théorème :

Il existe toujours dans un espace donné ϖ une fonction v de x, y, z et une seule, qui est finie et continue, ainsi que ses dérivées du premier ordre, qui satisfait dans l'intérieur de cet espace à l'équation

$$\Delta v = 0$$

et qui a en chaque point de la surface qui limite ϖ une valeur donnée.

Il y a évidemment une infinité de fonctions u qui satisfont aux conditions de continuité précédentes et qui de plus ont la valeur imposée sur la surface. Parmi toutes ces fonctions, cherchons celle qui rend minimum l'intégrale

$$(1) \qquad \Omega = \int \left[\left(\frac{du}{dx}\right)^2 + \left(\frac{du}{dy}\right)^2 + \left(\frac{du}{dz}\right)^2 \right] d\varpi,$$

étendue à tout l'espace ϖ.

Désignons par v la fonction u qui rend Ω minimum; une autre quelconque des fonctions u peut être représentée par

$$(2) \qquad u = v + hw,$$

h étant une constante arbitraire et w une fonction qui satisfait aux mêmes conditions de continuité que u et qui s'annule sur la surface σ qui limite le volume ϖ. Substituons l'expression (2) dans la formule (1) et désignons par Ω' la valeur minimum de Ω, nous aurons

$$(3) \qquad \Omega = \Omega' + 2hM + h^2 N^2,$$

en posant

$$M = \int \left(\frac{dv}{dx}\frac{dw}{dx} + \frac{dv}{dy}\frac{dw}{dy} + \frac{dv}{dz}\frac{dw}{dz} \right) d\varpi,$$

$$N^2 = \int \left[\left(\frac{dw}{dx}\right)^2 + \left(\frac{dw}{dy}\right)^2 + \left(\frac{dw}{dz}\right)^2 \right] d\varpi.$$

Par hypothèse, Ω' est le minimum de Ω; donc, d'après (3), M est nul; car, s'il ne l'était pas, on pourrait prendre h très petit et disposer de son signe de manière que hM fût négatif, et Ω' ne serait pas la valeur minimum de Ω.

La quantité w est nulle sur la surface σ; donc, d'après le n° **10**, on peut mettre M sous cette forme :

$$M = -\int w\,\Delta v\,d\varpi.$$

Or w est une fonction arbitraire et M devant être nul, quel que soit w, il est évident que tous les éléments de l'intégrale sont nuls et que l'on a

$$\Delta v = 0$$

dans tout l'espace ϖ [1].

Ainsi il existe toujours une fonction u qui satisfait à l'énoncé du théorème; il reste à démontrer qu'il n'y en a qu'une seule.

Si une des fonctions u satisfait à l'équation $\Delta u = 0$, elle rend évidemment minimum l'intégrale Ω; il suffit donc de prouver que Ω n'a qu'un minimum. Supposons que, outre la solution $u = v$, on ait encore la solution $u = v + w$ qui rende Ω minimum. Nous avons, d'après la formule (3), où M est nul,

$$\Omega = \Omega' + h^2 N^2,$$

et, en faisant $h = 1$ dans cette formule, nous obtiendrions, pour le second minimum,

$$\Omega' + N^2,$$

qui devrait être plus petit que l'expression précédente, quelque petit que soit h, ce qui est absurde.

Donc il n'y a qu'une fonction u qui rende Ω minimum, et le théorème est démontré.

---

[1] On pourrait objecter que cette démonstration ne prouve pas que Δv ne soit pas différent de zéro en des points, lignes ou surfaces situés dans le volume ϖ. Mais on verra dans le Chapitre II que les dérivées de v de tous les ordres sont continues et que par conséquent Δv ne peut être différent de zéro en aucun point.

Potentiel d'une couche sphérique.

17. Pour traiter la question suivante, cherchons le potentiel d'une couche sphérique homogène d'épaisseur constante et infiniment petite.

Le potentiel V ne dépendra que de la distance R du point (x, y, z) où l'on prend le potentiel au centre de la sphère et, d'après cela, on aura

$$\Delta V = \frac{d^2V}{dR^2} + \frac{2}{R}\frac{dV}{dR},$$

et, en égalant cette expression à zéro, puis intégrant, on obtient

$$V = \frac{C}{R} + C',$$

C et C′ étant deux constantes arbitraires.

Si le point (x, y, z) est situé à l'intérieur de la couche, V ne pouvant être infini pour $R = 0$, on a $C = 0$; ainsi V se réduit à la constante C′ et, en plaçant le point (x, y, z) au centre, on trouve

$$V = 4\pi A m,$$

A étant le rayon de la sphère et m la masse par unité de surface.

Si le point (x, y, z) est à l'extérieur, V est nul pour $R = \infty$; donc $C' = 0$; la limite de VR est égale à la masse; on a donc

$$V = \frac{4\pi A^2 m}{R}.$$

Moyenne du potentiel sur la surface d'une sphère et valeurs extrêmes qu'il prend dans un espace extérieur aux masses.

18. Considérons des masses que nous pouvons supposer réduites à des points et décrivons une sphère qui renferme une partie de ces masses que nous désignerons généralement par m et laisse en dehors les autres que nous appellerons m'. Nous aurons, pour leur potentiel,

$$V = \sum\frac{m}{r} + \sum\frac{m'}{r},$$

r, r' étant les distances des masses m et m' au point P où l'on prend le potentiel. Mettons le point P sur la surface σ de la sphère, puis multiplions cette équation par l'élément $d\sigma$ et intégrons dans toute l'étendue de cette surface; nous aurons

$$\int V\,d\sigma = \sum m \int \frac{d\sigma}{r} + \sum m' \int \frac{d\sigma}{r'};$$

$\int \frac{d\sigma}{r}$ représente le potentiel de la surface σ, pris au point m, et $\int \frac{d\sigma}{r'}$ ce potentiel au point m'. Si donc on désigne par r_0 la distance de m' au centre de la sphère, on a, d'après le numéro précédent, A étant le rayon de cette sphère,

$$\int V\,d\sigma = 4\pi A \sum m + 4\pi A^2 \sum \frac{m'}{r_0}.$$

Or $\sum \frac{m'}{r_0}$ représente le potentiel U des masses m' par rapport au centre de la sphère. On a donc enfin

$$\int V\,d\sigma = 4\pi A\,\Sigma m + 4\pi A^2 U,$$

formule donnée par Gauss et qui subsiste évidemment si l'on prend des masses continues.

19. De ce théorème on conclut facilement plusieurs autres.

THÉORÈME. — *Soit E un espace dans lequel on prend le potentiel de masses qui y sont toutes extérieures. Si ce potentiel est constant dans une partie de E, si petite qu'elle soit, il sera constant dans tout l'espace E.*

En effet, supposons que le potentiel ait une valeur constante g dans une partie G de l'espace E et que, dans une partie H contiguë à G et du même espace, V soit $> g$. Imaginons une sphère dont le centre soit dans G et la surface en partie dans G, en partie dans H. En appliquant le théorème précédent, nous aurons

$$(a) \qquad \int V\,d\sigma = 4\pi A^2 g$$

ou

$$(b) \qquad \int (V - g)\,d\sigma = 0,$$

équation impossible, car $V - g$ est nul sur une partie de σ et positif sur l'autre.

Ainsi V ne peut être plus grand que g; on voit de même qu'il ne peut être plus petit.

20. Théorème. — *En dehors des masses, le potentiel ne peut être ni maximum ni minimum.*

Ce théorème se démontre comme le précédent. Si le potentiel est, par exemple, maximum en un point O situé en dehors des masses, décrivons du point O comme centre une sphère d'un très petit rayon. En désignant par g cette valeur maximum, nous aurons l'équation (a) ou (b), qui est impossible, puisque V est plus petit que g sur toute la surface σ.

21. Théorème. — *Si des masses sont extérieures à une surface fermée quelconque σ, leur potentiel à l'intérieur de σ a pour valeurs extrêmes les valeurs extrêmes qu'il prend sur σ.*

En effet, le potentiel ne pouvant être maximum ou minimum en un point de l'espace intérieur à σ, d'après le théorème précédent, il est évident que sa plus grande et sa plus petite valeur seront sur σ.

Corollaire I. — Si le potentiel de masses extérieures est constant sur la surface σ, il sera constant en tous les points intérieurs à σ.

Corollaire II. — Si les potentiels V et V′ de deux systèmes de masses extérieures à la surface fermée σ ont la même valeur sur σ, leurs valeurs seront les mêmes en tous les points intérieurs à σ.

En effet, $V - V'$ est un potentiel qui est nul sur σ et qui est, par conséquent, nul en tous les points intérieurs à σ.

Au reste, ce corollaire est renfermé dans le principe de Dirichlet.

22. Théorème. — *Si des masses sont intérieures à la surface fermée σ, leur potentiel pris à l'extérieur de cette surface aura pour ses deux valeurs extrêmes deux des trois quantités suivantes : zéro et les deux valeurs extrêmes que prend le potentiel sur σ.*

En effet, le potentiel ne pouvant être maximum ou minimum en aucun point de l'espace extérieur à σ, la plus grande et la plus petite valeur de ce potentiel ne peuvent se trouver qu'à la limite de cet espace, c'est-à-dire sur σ ou à l'infini, où il est égal à zéro.

Corollaire. — Si le potentiel a une valeur constante sur σ, il sera compris à l'extérieur entre cette valeur constante et zéro. Si toutes les masses sont positives, le potentiel est toujours positif, et, à l'extérieur de σ, sa plus petite valeur sera zéro et sa plus grande aura lieu en un point de σ.

23. Les limites du potentiel extérieur peuvent être également précisées quand la somme des masses intérieures à σ est nulle.

Théorème. — *Si des masses ont une somme nulle et sont intérieures à la surface σ, leur potentiel à l'extérieur aura pour valeurs extrêmes les valeurs extrêmes qu'il prend sur σ.*

Il suffit évidemment de prouver que zéro n'est pas une valeur extrême ou que le potentiel à l'extérieur a des valeurs positives et d'autres négatives.

Si V n'est pas nul partout en dehors de σ, il ne peut non plus, comme nous avons vu (n° 19), être nul dans toute une partie de cet espace. Soit donc B un point très éloigné où V n'est pas nul et où il est, par exemple, positif. Imaginons une sphère dont le centre est à l'intérieur de σ et dont la surface, passant par le point B, renferme entièrement σ. Soit s la surface de cette sphère; en appliquant le théorème de Gauss, on aura

$$\int V\,ds = 4\pi A\,\Sigma m;$$

or, par hypothèse, $\Sigma m = 0$; donc cette intégrale est nulle; donc V est négatif en certains points de la surface sphérique s, et le théorème est démontré.

Théorème. — *Si des masses situées à l'intérieur de la surface σ ont une somme nulle et que leur potentiel sur la surface σ ait une valeur constante, cette constante est nulle et le potentiel est nul dans tout l'espace extérieur.*

En effet, nous venons de voir que le potentiel extérieur a ses deux valeurs extrêmes sur σ, l'une positive, l'autre négative, à moins qu'il ne soit nul partout en dehors de σ; donc V est nul sur σ et à l'extérieur.

Ainsi les forces provenant des masses sont détruites dans tout l'espace extérieur.

Énergie d'un système de masses.

24. Supposons d'abord un système de masses $m_1, m_2, m_3, \ldots$, concentrées en des points; désignons par $r_{i,s}$ la distance entre deux de ces masses m_i, m_s et formons la somme

$$\text{(1)} \qquad W = \sum \frac{m_i m_s}{r_{i,s}}$$

étendue à tous les produits de deux masses.

Si ces masses s'attirent en raison inverse du carré des distances, le travail infiniment petit provenant du déplacement des masses du système sera

$$dW = -\sum \frac{m_i m_s}{r_{i,s}^2} dr_{i,s},$$

et si nous désignons par W_0 la valeur initiale de W, le travail accompli depuis l'instant initial sera $W - W_0$. Si l'on imagine que les points matériels $m_1, m_2, \ldots$ étaient d'abord éloignés tous les uns des autres de distances infinies et qu'ils sont venus dans l'état actuel du système, W_0 sera nul et le travail accompli sera W. On appelle W le potentiel du système des masses m_i sur lui-même ou encore l'*énergie* du système.

L'expression (1) peut encore s'écrire

$$W = \frac{1}{2} \sum_i m_i \sum_s \frac{m_s}{r_{i,s}} = \frac{1}{2} \sum m_i V_i,$$

en désignant par V_i le potentiel en m_i de toutes les masses, excepté m_i, le premier signe sommatoire portant sur l'indice s et le second sur l'indice i, et l'on a mis le facteur $\frac{1}{2}$, afin de ne prendre qu'une fois chaque combinaison de deux masses.

Si, au lieu de points disséminés, nous avons une ou plusieurs masses continues, désignons par $d\varpi$ et $d\varpi'$ deux éléments quelconques du volume de ce système, par r leur distance et par ρ et ρ' les valeurs de la densité sur $d\varpi$ et $d\varpi'$; nous aurons

$$(2) \qquad W = \frac{1}{2}\int \rho\, d\varpi \int \frac{\rho'\, d\varpi'}{r} = \frac{1}{2}\int V \rho\, d\varpi.$$

pour l'énergie du système.

25. Examinons ensuite deux systèmes de masses. Commençons encore par supposer que ces masses se réduisent à des points matériels, qui sont $m_1, m_2, m_3, \ldots$ pour le premier système et $m'_1, m'_2, \ldots$ pour le second. Désignons respectivement par V et V' les potentiels de ces deux systèmes, par $V_1, V_2, \ldots$ les valeurs de V aux seconds points, par $V'_1, V'_2, \ldots$ les valeurs de V' aux premiers points. On aura

$$m_1 V'_1 + m_2 V'_2 + \ldots = m'_1 V_1 + m'_2 V_2 + \ldots$$

ou

$$(3) \qquad \Sigma m V' = \Sigma m' V.$$

En effet, on voit immédiatement que chacun des deux membres représente la somme

$$W_1 = \sum \frac{mm'}{r};$$

r étant la distance entre m et m', et la somme étant étendue à toutes les combinaisons d'une masse m du premier système avec une masse m' du second.

Supposons, par exemple, que les masses m' soient fixes et attirent les masses m en raison inverse du carré des distances ; alors, dans un déplacement infiniment petit des masses m, le travail dW considéré précédemment doit être augmenté de dW_1 ; le travail élémentaire accompli par les masses m sera donc

$$d(W + W_1).$$

Si les masses de chaque système, au lieu d'être disséminées dans des points, forment des masses continues, désignons par ρ la densité de chaque élément de volume $d\varpi$ du premier système et par ρ' la densité de chaque élément de volume $d\varpi'$ du second. Nous aurons, au lieu de la formule (3),

$$(4) \qquad W_1 = \int V'\rho\, d\varpi = \int V\rho'\, d\varpi'.$$

W_1 s'appelle le potentiel de l'un des systèmes de masses sur l'autre. Si nous réunissons les deux systèmes de masses en un seul et que nous désignions par W' l'énergie du second système, il est évident que nous aurons pour l'énergie du système total

$$W + W' + W_1.$$

26. Nous allons transformer les expressions (2) et (4) de W et W_1. On a dans toute la masse, dont le volume est ϖ,

$$\Delta V = -4\pi\rho;$$

tirons ρ de cette équation pour le porter dans l'expression (2), nous aurons

$$W = -\frac{1}{8\pi}\int V\Delta V\, d\varpi.$$

Or, comme ΔV est nul partout en dehors du volume ϖ, on peut étendre l'intégrale à tout l'espace; car on n'ajoutera que des éléments nuls. Désignons par $d\tau$ l'élément du volume compris dans une sphère d'un rayon très grand R, décrite d'un point du volume ϖ comme centre, et appliquons l'équation du n° 10

$$(5) \qquad \int U\Delta V\, d\tau = -\int\left(\frac{dU}{dx}\frac{dV}{dx} + \frac{dU}{dy}\frac{dV}{dy} + \frac{dU}{dz}\frac{dV}{dz}\right)d\tau + \int U\frac{dV}{dn}\, d\sigma,$$

en y faisant $U = V$. Le dernier terme qui s'étend à toute la surface de la sphère est de l'ordre $\frac{1}{R}$ et s'annule à la limite quand $R = \infty$. On a donc

$$W = \frac{1}{8\pi}\int\left[\left(\frac{dV}{dx}\right)^2 + \left(\frac{dV}{dy}\right)^2 + \left(\frac{dV}{dz}\right)^2\right]d\tau,$$

l'intégrale s'étendant à tout l'espace.

On peut transformer de même W_1. En remplaçant ρ dans la formule (4), on a

$$W_1 = -\frac{1}{4\pi}\int V'\Delta V\, d\varpi,$$

et, comme ΔV est nul en dehors de ϖ, on peut appliquer cette intégrale à tout l'espace. Appliquons la formule (5) au volume compris dans la même sphère et remarquons que le dernier terme sera encore nul; nous aurons

$$W_1 = \frac{1}{4\pi}\int\left(\frac{dV}{dx}\frac{dV'}{dx}+\frac{dV}{dy}\frac{dV'}{dy}+\frac{dV}{dz}\frac{dV'}{dz}\right)d\tau,$$

l'intégrale s'étendant à tous les éléments $d\tau$ de l'espace infini.

CHAPITRE II.

POTENTIEL DE COUCHES DE MATIÈRE DISTRIBUÉES SUR DES SURFACES.

Supposons qu'une surface soit recouverte d'une couche de matière excessivement mince et de très grande densité. Dans les applications à la Physique, on peut ordinairement ne pas avoir égard à cette épaisseur et considérer seulement la quantité de masse qui recouvre chaque élément de surface. Si l'on désigne par D la densité de la matière de la couche et par ε son épaisseur très petite sur l'élément $d\sigma$ de la surface et qu'on pose $D\varepsilon = \rho$, la quantité $\rho\, d\sigma$ sera la quantité de matière située sur $d\sigma$ et, comme on ne considère, en général, ni D ni ε, mais seulement leur produit ρ, qu'on regarde comme fini, c'est cette dernière quantité que l'on appelle la *densité* de la couche.

Gauss d'abord et ensuite la plupart des géomètres ont étudié l'attraction des couches, en supposant immédiatement que leur épaisseur est nulle ou que la densité de la matière, dans le sens ordinaire du mot, est infinie. Cette fiction ne pourrait avoir quelque utilité qu'autant qu'elle apporterait quelque simplification. Or, au contraire, en prenant ainsi la question, la démonstration rigoureuse et directe du théorème préliminaire relatif à la densité d'une couche devient très difficile. De plus, avec ce point de départ, on est conduit dans la suite à faire dans les démonstrations des théorèmes une distinction entre les masses qui comprennent un volume et les masses superficielles, bien qu'elles remplissent le même rôle, ce qui est une complication fâcheuse. D'ailleurs, comme dans la nature, ces couches, si minces qu'on les suppose, ont cependant une épaisseur, cette manière de raisonner n'a certainement pas plus de rigueur, dès que l'on veut faire des applications des formules obtenues. C'est pourquoi nous commencerons par supposer l'épaisseur des couches excessivement mince et non nulle.

Il importe d'ailleurs de remarquer que l'on passe immédiatement du cas où l'épaisseur ε est très petite au cas idéal où elle est nulle, et qu'au contraire, du cas où ε est nul, il n'est pas possible de déduire tous les résultats qui s'obtiennent quand ε est très petit.

Formule qui donne la densité d'une couche.

1. Il est aisé de vérifier par un exemple que la dérivée du potentiel d'une couche, prise suivant la normale, doit varier brusquement, quand le point P où l'on prend ce potentiel traverse la couche. Considérons, en effet, une couche sphérique dont la densité est constante et égale à ρ. On a, pour son potentiel à l'intérieur et à l'extérieur (Chap. I, n° 17),

$$V_1 = 4\pi R\rho, \quad V_2 = \frac{4\pi R^2}{r}\rho,$$

R étant le rayon de la sphère et r la distance du point P à son centre; V_1 et V_2 sont égaux pour $r = R$. Nous avons ensuite

$$\frac{dV_1}{dr} = 0, \quad \frac{dV_2}{dr} = -\frac{4\pi R^2}{r^2}\rho.$$

Supposons que l'épaisseur de la couche soit ε et corresponde aux rayons $R - \varepsilon$ et R, nous aurons donc sur les deux côtés de la couche

$$\frac{dV_1}{dr} = 0, \quad \text{pour} \quad r = R - \varepsilon,$$

$$\frac{dV_2}{dr} = -4\pi\rho, \quad \text{pour} \quad r = R;$$

ainsi ces deux dérivées diffèrent de $-4\pi\rho$. Il est évident que nous négligeons une quantité infiniment petite par rapport à la quantité $4\pi\rho$.

2. Prenons maintenant la question dans toute sa généralité.

Soit une couche de matière BACF. Menons la normale Ax à la surface extérieure et désignons l'épaisseur très petite Aa par ε. Décomposons la couche en deux parties dont l'une renferme les points très voisins de Aa et dont l'autre contienne le reste de la couche. Si nous supposons qu'un point P se meuve sur Ax de A à a, l'attraction de la seconde partie de la couche sur P ne variera pas d'une manière sensible, puisque ce point lui est extérieur, mais l'attraction de la première partie sur P variera d'une manière sensible, comme nous allons le prouver.

Effectuons le partage de la couche en deux parties au moyen d'un plan BC tangent en a à la surface intérieure; il en résultera un segment BAC, dont il s'agit de chercher l'attraction sur le point P.

Mettons l'origine des coordonnées au point A (*fig.* 1), en sorte que

Fig. 1.

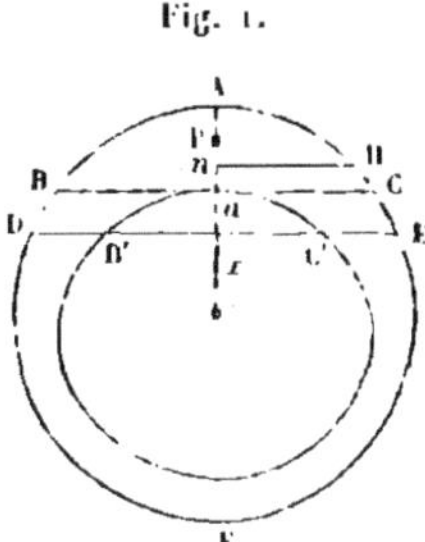

AP soit égal à x; un point quelconque du segment aura pour coordonnées a, b, c, et si nous désignons par V le potentiel du segment, son attraction suivant Ax sera

$$\frac{dV}{dx} = \int D \frac{a-x}{r^3} d\varpi,$$

l'intégrale étant étendue à tout le volume BAC.

Prenons, au lieu de y et z, des coordonnées polaires u et θ; nous aurons

$$r = \sqrt{u^2 + (a-x)^2}, \quad d\varpi = u\, du\, d\theta\, da,$$

$$(a) \qquad \frac{dV}{dx} = \int_0^{2\pi} d\theta \int_0^{\varepsilon} da \int_0^{u_1} \frac{D(a-x)\, u\, du}{[u^2 + (a-x)^2]^{\frac{3}{2}}},$$

u_1 étant l'ordonnée nH. Si R est le rayon de courbure en A de la section normale BAC, on a

$$u_1^2 = 2Ra,$$

et, si l'on suppose les axes des y et des z dirigés suivant les sections principales, R varie avec θ d'après l'équation

$$\frac{1}{R} = \frac{\cos^2\theta}{R'} + \frac{\sin^2\theta}{R''},$$

où R', R'' sont les rayons de courbure principaux.

Regardons d'abord la densité D comme constante; nous aurons

$$\int_0^{u_1} \frac{u\,du}{[u^2+(a-x)^2]^{\frac{3}{2}}} = \frac{-1}{\sqrt{2Ra+(a-x)^2}} + \frac{1}{\sqrt{(a-x)^2}}$$

$$= \frac{-1}{\sqrt{2Ra+(a-x)^2}} \pm \frac{1}{x-a},$$

en prenant le signe + ou −, de manière que le dernier terme soit positif, c'est-à-dire suivant que l'on a $a < x$ ou $a > x$. D'après cela, séparons $\frac{d\mathfrak{V}}{dx}$ en ces deux parties,

$$\frac{d\mathfrak{V}}{dx} = D\int_0^{2\pi} d\theta \int_0^x da \int_0^{u_1} \frac{(a-x)u\,du}{[u^2+(a-x)^2]^{\frac{3}{2}}}$$

$$+ D\int_0^{2\pi} d\theta \int_x^{\varepsilon} da \int_0^{u_1} \frac{(a-x)u\,du}{[u^2+(a-x)^2]^{\frac{3}{2}}};$$

nous aurons

$$\int_0^x da \int_0^{u_1} \frac{(a-x)u\,du}{[u^2+(a-x)^2]^{\frac{3}{2}}} = -\int_0^x \frac{(a-x)\,da}{\sqrt{2Ra+(a-x)^2}} - x \quad = \mathfrak{A},$$

$$\int_x^{\varepsilon} da \int_0^{u_1} \frac{(a-x)u\,du}{[u^2+(a-x)^2]^{\frac{3}{2}}} = -\int_x^{\varepsilon} \frac{(a-x)\,da}{\sqrt{2Ra+(a-x)^2}} + \varepsilon - x = \mathfrak{B};$$

on a ensuite

$$\int \frac{(a-x)\,da}{\sqrt{2Ra+(a-x)^2}} = \sqrt{2Ra+(a-x)^2} - R\log\left[R + a - x + \sqrt{2Ra+(a-x)^2}\right],$$

et ce logarithme peut se développer de la manière suivante :

$$\begin{aligned}
&\log\left[R + a - x + \sqrt{2Ra + (a-x)^2}\right]\\
&\quad = \log(R + a - x) + \frac{\sqrt{2Ra + (a-x)^2}}{R + a - x}\\
&\qquad - \frac{1}{2}\frac{2Ra + (a-x)^2}{(R + a - x)^2} + \frac{1}{3}\frac{[2Ra + (a-x)^2]^{\frac{3}{2}}}{(R+a-x)^3} - \ldots;
\end{aligned}$$

il en résulte

$$\begin{aligned}
\int \frac{(a-x)\,da}{\sqrt{2Ra + (a-x)^2}} &= -R\log(R + a - x) + \frac{a-x}{R+a-x}\sqrt{2Ra + (a-x)^2}\\
&\quad + \frac{R}{2}\frac{2Ra + (a-x)^2}{(R+a-x)^2} - \frac{R}{3}\frac{[2Ra + (a-x)^2]^{\frac{3}{2}}}{(R+a-x)^3} + \ldots,
\end{aligned}$$

et, en négligeant les quantités de l'ordre de ε^2, par suite les termes en ε^2, εx et x^2, on a

$$\begin{aligned}
\int_0^{\varepsilon} \frac{(a-x)\,da}{\sqrt{2Ra + (a-x)^2}} &= -R\log\frac{R - x + \varepsilon}{R - x} + \varepsilon + \sqrt{2\varepsilon}\,\frac{\varepsilon - 3x}{3\sqrt{R}}\\
&= \frac{\sqrt{2\varepsilon}(\varepsilon - 3x)}{3}\frac{1}{\sqrt{R}}.
\end{aligned}$$

On en conclut

$$\mathcal{A} + \mathcal{B} = \varepsilon - 2x - \frac{\sqrt{2\varepsilon}(\varepsilon - 3x)}{3}\frac{1}{\sqrt{R}}$$

et

$$(\mathrm{A})\quad \left\{\begin{aligned}
\frac{dV}{dx} &= D\int_0^{2\pi}(\mathcal{A} + \mathcal{B})\,d\theta\\
&= 2\pi D(\varepsilon - 2x) - 4D\,\frac{\sqrt{2\varepsilon}(\varepsilon - 3x)}{3}\int_0^{\frac{\pi}{2}}\sqrt{\frac{\cos^2\theta}{R'} + \frac{\sin^2\theta}{R''}}\,d\theta;
\end{aligned}\right.$$

R' étant le plus grand des deux rayons de courbure principaux, posons

$$K = \int_0^{\frac{\pi}{2}}\sqrt{\frac{\cos^2\theta}{R'} + \frac{\sin^2\theta}{R''}}\,d\theta = \frac{1}{\sqrt{R''}}\int_0^{\frac{\pi}{2}}\sqrt{1 - \frac{R' - R''}{R'}\cos^2\theta}\,d\theta,$$

et nous aurons

$$\left(\frac{dV}{dx}\right)_{x=0} = 2\pi D\varepsilon - \frac{4D\sqrt{2}}{3}\varepsilon^{\frac{3}{2}}K,$$

$$\left(\frac{dV}{dx}\right)_{x=\varepsilon} = -2\pi D\varepsilon + \frac{8D\sqrt{2}}{3}\varepsilon^{\frac{3}{2}}K.$$

3. Supposons que le point P, au lieu d'être entre A et a, soit sur le prolongement de Ax, en sorte que x soit négatif; toutefois prenons encore x de l'ordre de ε. En suivant le même calcul que précédemment, nous aurons

$$\int_0^{u_1} \frac{u\,du}{[u^2+(a-x)^2]^{\frac{3}{2}}} = \frac{-1}{\sqrt{2Ra+(a-x)^2}} + \frac{1}{a-x},$$

$$\int_0^{\varepsilon} da \int_0^{u_1} \frac{(a-x)\,u\,du}{[u^2+(a-x)^2]^{\frac{3}{2}}} = -\int_0^{\varepsilon} \frac{(a-x)\,da}{\sqrt{2Ra+(a-x)^2}} + \varepsilon$$

$$= \varepsilon - \frac{\sqrt{2\varepsilon}(\varepsilon-3x)}{3}\frac{1}{\sqrt{R}}.$$

On a donc, au lieu de la formule (A),

$$\frac{dV}{dx} = 2\pi D\varepsilon - \frac{4D\sqrt{2}}{3}\varepsilon^{\frac{3}{2}}K,$$

c'est-à-dire la même que pour $x=0$, en négligeant encore les quantités de l'ordre de $D\varepsilon^2$.

4. Menons un plan DE parallèle au plan tangent BC pour l'abscisse $x=\varepsilon+\varepsilon'$, en prenant ε' du même ordre que ε, et cherchons l'attraction du segment DB'aC'EA sur le point P situé entre A et a. Il suffira de faire la différence entre les attractions des segments DAE, B'aC' à bases planes, supposés remplis de la même matière. Les valeurs de $\frac{dV}{dx}$ pour ces deux segments seront respectivement

$$2\pi D(\varepsilon+\varepsilon'-2x) - \frac{4D\sqrt{2}}{3}K(\varepsilon+\varepsilon'-3x)\sqrt{\varepsilon+\varepsilon'},$$

$$2\pi D\varepsilon' - \frac{4D\sqrt{2}}{3}K\varepsilon'\sqrt{\varepsilon'},$$

dont la différence est

$$2\pi D(\varepsilon - 2x) - \frac{4D\sqrt{2}}{3} K\left[(\varepsilon + \varepsilon' - 3x)\sqrt{\varepsilon + \varepsilon'} - \varepsilon'\sqrt{\varepsilon'}\right];$$

c'est la composante de l'attraction du segment DB'aC'EA suivant Ax. Si l'on fait la différence de cette force prise aux points A et a, on obtient

$$4\pi D\varepsilon - 4D\sqrt{2}K\varepsilon\sqrt{\varepsilon + \varepsilon'}.$$

Si l'on fait dans cette formule $\varepsilon' = 0$, on obtient, pour la différence de la composante de l'attraction du segment BAC sur les points A et a,

$$4\pi D\varepsilon - 4D\sqrt{2}K\varepsilon^{\frac{3}{2}}.$$

5. Dans ce qui précède, on a supposé que les deux rayons de courbure principaux sont dirigés vers l'intérieur de la cavité de la couche. S'ils sont dirigés tous les deux vers l'extérieur, on voit immédiatement qu'on n'aura qu'à changer le signe de K dans les formules qui renferment cette quantité.

Si les deux rayons de courbure principaux au point a de la surface intérieure sont de sens contraire, au segment BAC que nous avons considéré nous devrons substituer une partie de la couche que nous obtiendrons de la manière suivante. Dans le plan tangent en a, menons les asymptotes de l'indicatrice qui partageront le plan en deux parties T et T' et qui sépareront la surface intérieure en deux parties correspondantes dont l'une aura sa courbure vers l'intérieur et l'autre vers l'extérieur. Considérons le segment E de la couche qui a T pour base et qui est terminé à la surface extérieure; considérons aussi le segment E' de la couche compris entre le plan tangent en A et la surface intérieure et dont la base est égale à T'. Le segment formé de E et E' sera la partie de la couche que nous substituerons au segment BAC et dont nous chercherons l'attraction sur le point P. Alors les calculs du n° 2 resteront entièrement applicables.

D'une manière générale, désignons par R'' le plus petit des deux rayons de courbure, abstraction faite du signe, et posons

$$K = \frac{\pm 1}{\sqrt{\pm R''}} \int_0^{\frac{\pi}{2}} \sqrt{1 - \frac{R' - R''}{R'}\cos^2\theta}\, d\theta,$$

R′ et R″ étant supposés positifs ou négatifs suivant qu'ils sont dirigés vers l'intérieur ou l'extérieur et pour le signe ±, on prendra + si R″ est dirigé vers l'intérieur et − dans le cas contraire. Alors la composante suivant l'axe des x de l'attraction du segment BAC ou du segment E + E′ (suivant que les deux courbures principales sont de même sens ou de sens contraire) sur un point de Aa sera donnée par la formule semblable à (A)

$$\frac{d\varphi}{dx} = 2\pi D(\varepsilon - 2x) - \tfrac{4}{3} DK\sqrt{2\varepsilon}(\varepsilon - 3x),$$

et la différence de cette force, prise aux points A et a, sera

$$\left(\frac{d\varphi}{dx}\right)_0 - \left(\frac{d\varphi}{dx}\right)_\varepsilon = 4\pi D\varepsilon - 4 D\sqrt{2} K\varepsilon^{\frac{3}{2}}.$$

6. Il est aisé de voir que la valeur de $\frac{d\varphi}{dy}$ pour un point P situé sur Aa est nulle.

En effet, dans l'évaluation de cette dérivée, la ligne Aa peut évidemment être considérée comme un axe de symétrie du segment, à une quantité près tout à fait négligeable. Le point P situé sur cet axe ne subit donc pas d'attraction perpendiculairement à l'axe des x, et l'on a

$$\frac{d\varphi}{dy} = 0, \quad \frac{d\varphi}{dz} = 0.$$

7. Dans ce qui précède, nous avons regardé la densité D comme constante; supposons maintenant qu'elle varie dans le segment, et examinons quel changement en résultera dans les dérivées de φ.

Admettons que D puisse être représenté dans le segment par les premiers termes de la série de Taylor, c'est-à-dire par la formule

$$D = D_0 + \frac{dD_0}{da} a + \frac{dD_0}{db} b + \frac{dD_0}{dc} c,$$

D_0 étant la valeur de D à l'origine des coordonnées; supposons aussi que le produit de chaque dérivée de D par une longueur finie soit de l'ordre de D.

Pour calculer $\frac{d\varphi}{dx}$, il faudra remplacer D par l'expression précédente dans la formule (a) du n° 2; nous avons déjà calculé le résultat de la substitution de D_0; calculons celui de $\frac{dD_0}{da}a$. En désignant par M la valeur de $\frac{dD_0}{da}$, nous obtenons

$$M\int_0^{2\pi} d\theta \int_0^{\varepsilon} a\,da \int_0^{u_1} \frac{(a-x)u\,du}{[u^2+(a-x)^2]^{\frac{3}{2}}}$$

$$= M\int_0^{2\pi} d\theta \int_0^{\varepsilon} (a-x)a\,da\left[\frac{-1}{\sqrt{2Ra+(a-x)^2}} \pm \frac{1}{x-a}\right]$$

$$= M\int_0^{2\pi}\left[\frac{-1}{\sqrt{2R}}\left(\frac{2}{5}\varepsilon^{\frac{5}{2}} - \frac{2}{3}\varepsilon^{\frac{3}{2}}x\right) \mp \frac{\varepsilon^2}{2}\right]d\theta.$$

M est supposé du même ordre de grandeur que D ou que $\frac{1}{\varepsilon}$, puisque $D\varepsilon$ est fini; donc cette formule est de l'ordre de ε, c'est-à-dire de l'ordre des quantités que nous avons négligées.

On voit immédiatement que les parties de $\frac{dV}{dx}$ qui dépendent de $\frac{dD_0}{db}$ et de $\frac{dD_0}{dc}$ sont également négligeables.

Examinons ensuite l'expression de

$$\frac{dV}{dy} = \int D\frac{b}{r^3}d\varpi;$$

on voit très facilement qu'on peut rejeter les parties qui dépendent de $\frac{dD_0}{da}$ et de $\frac{dD_0}{dc}$. Remplaçons ensuite D par $\frac{dD_0}{db}b$, et, en faisant

$$b = u\cos\theta,$$

nous aurons

$$\frac{dD_0}{db}\int \frac{b^2}{r^3}d\varpi = \frac{dD_0}{db}\int_0^{2\pi}\cos^2\theta\,d\theta\int_0^{\varepsilon} da\int_0^{u_1}\frac{u^3\,du}{[u^2+(a-x)^2]^{\frac{3}{2}}}$$

ou, en effectuant deux intégrations,

$$\frac{2\sqrt{2}}{3}\frac{dD_0}{db}\varepsilon^{\frac{3}{2}}\int_0^{\frac{\pi}{2}}\frac{\cos^2\theta\,d\theta}{\sqrt{\frac{\cos^2\theta}{R'}+\frac{\sin^2\theta}{R''}}}.$$

Cette formule suppose R' et R'' dirigés vers l'intérieur de la couche; on passerait, comme précédemment, au cas général.

Ainsi, en ayant égard aux quantités de l'ordre de $D\varepsilon^{\frac{3}{2}}$, comme précédemment, nous aurons

$$\frac{d\varphi}{dy} = \frac{2\sqrt{2}}{3}\frac{dD_0}{db}\varepsilon^{\frac{3}{2}}\int_0^{\frac{\pi}{2}}\frac{\cos^2\theta\,d\theta}{\sqrt{\frac{\cos^2\theta}{R'}+\frac{\sin^2\theta}{R''}}},$$

$$\frac{d\varphi}{dz} = \frac{2\sqrt{2}}{3}\frac{dD_0}{dc}\varepsilon^{\frac{3}{2}}\int_0^{\frac{\pi}{2}}\frac{\sin^2\theta\,d\theta}{\sqrt{\frac{\cos^2\theta}{R'}+\frac{\sin^2\theta}{R''}}}.$$

Ces deux dérivées sont indépendantes de x et ont, par conséquent, la même valeur aux deux points A et a.

8. Le point attiré P étant situé sur la ligne Aa, nous avons obtenu la formule

$$\left(\frac{d\varphi}{dx}\right)_0 - \left(\frac{d\varphi}{dx}\right)_\varepsilon = 4\pi D\varepsilon - 4D\sqrt{2}K\varepsilon^{\frac{3}{2}},$$

et les deux dérivées $\frac{d\varphi}{dy}$, $\frac{d\varphi}{dz}$ ont chacune la même valeur aux points A et a, et de l'ordre de $D\varepsilon^{\frac{3}{2}}$. Désignons par φ_1 le potentiel de la couche quand on a enlevé le segment dont le potentiel est φ, et représentons par V le potentiel de toute la couche, nous aurons

$$V = \varphi + \varphi_1;$$

l'expression

$$\left(\frac{d\varphi_1}{dx}\right)_0 - \left(\frac{d\varphi_1}{dx}\right)_\varepsilon$$

est une quantité de l'ordre de $D\varepsilon^{\frac{3}{2}}$, ainsi qu'il résulte du n° 4; donc, en négligeant les quantités de cet ordre, nous aurons

$$(c)\qquad \left(\frac{dV}{dx}\right)_0 - \left(\frac{dV}{dx}\right)_\varepsilon = 4\pi\rho.$$

La différence entre les valeurs de $\frac{d\varphi_1}{dy}$ ou de $\frac{d\varphi_1}{dz}$, prises en A et en a, est tout à fait négligeable ; donc chacune des dérivées $\frac{dV}{dy}$, $\frac{dV}{dz}$ prend la même valeur en ces deux points.

Menons au point A la normale extérieure n et au point a la normale intérieure n' ; nous pourrons écrire l'équation (e) de cette manière

$$\frac{dV}{dn} + \frac{dV}{dn'} = -4\pi\rho. \tag{e}$$

Cherchons la différence d'action de la couche aux points A et a dans la direction d'une droite qui fait les angles α, β, γ avec les axes de coordonnées ; soient F et F' cette composante de la force en A et a ; nous aurons

$$F = \left(\frac{dV}{dx}\right)_0 \cos\alpha + \frac{dV}{dy}\cos\beta + \frac{dV}{dz}\cos\gamma,$$

$$F' = \left(\frac{dV}{dx}\right)_\varepsilon \cos\alpha + \frac{dV}{dy}\cos\beta + \frac{dV}{dz}\cos\gamma$$

et, par suite,

$$F - F' = 4\pi\rho\cos\alpha.$$

Concevons le cas idéal où ε devient nul et par suite D infini. Les dérivées $\frac{dV}{dx}$, $\frac{dV}{dy}$, $\frac{dV}{dz}$ seront partout finies et V aura la même valeur des deux côtés de la surface σ et sera une fonction continue dans tout l'espace.

Démonstration de la formule de la densité d'une couche, présentée par Poisson.

9. La formule (e) du numéro précédent a été obtenue pour la première fois dans toute sa généralité par Poisson (voir *Mémoires de l'Académie des Sciences*, p. 31 ; 1811). Elle avait été reconnue auparavant et expliquée d'une manière peu rigoureuse par Coulomb [mêmes Mémoires, 1788 (¹)], dans le cas où la couche n'exerce aucune action sur les points qui y sont renfermés, de sorte que $\frac{dV}{dn'} = 0$. Nous allons reproduire la démonstration qu'en a présentée Poisson ; il dit qu'ayant

(¹) *Mémoires publiés par la Société de Physique*, t. I, p. 256.

communiqué l'énoncé du théorème à Laplace, celui-ci lui a indiqué cette démonstration.

Soit une couche infiniment mince et soient A et a deux points situés sur la même normale, le premier sur la surface extérieure de la couche, le second sur la surface intérieure. Désignons par R et R' les composantes de l'action de la couche respectivement en A et a suivant la normale intérieure Ax.

Menons par le point a un plan perpendiculaire à Aa; ce plan partagera la couche en deux segments; celui qui a pour hauteur la flèche Aa sera infiniment petit par rapport à l'autre; mais les actions des deux segments sur A ou sur a seront du même ordre de grandeur. Désignons respectivement par S et s l'action du grand et du petit segment au point a, estimée suivant Aa. Pour fixer les idées, supposons ces actions attractives, et nous aurons

$$R' = S - s$$

pour la force qui tire le point a suivant Ax.

En négligeant les quantités du second ordre par rapport à l'épaisseur de la couche, l'attraction du grand segment est évidemment la même sur les deux points A *et* a; avec un peu d'attention on voit de même que l'attraction du petit segment, soit sur le point A, soit sur le point a, est la même, pourvu qu'on néglige une quantité infiniment petite par rapport à cette force. Le point A est donc sollicité par les deux forces S et s qui agissent dans le même sens. On a donc

$$R = S + s$$

et, par suite,

$$(\alpha) \qquad R - R' = 2s.$$

Reste à déterminer s. Sur la normale Ax prenons un point C; de ce point comme centre décrivons deux sphères avec les rayons CA et Ca et supposons qu'elles comprennent une couche dont la densité est ρ. L'action de cette couche sur a est nulle, et nous avons vu (n° 1) que dans ce cas particulier la différence R — R' ou la quantité $2s$ est égale à $4\pi\rho$. Or je dis que la quantité $2s$ aura la même valeur, quelle que soit la couche.

En effet, considérons le petit segment sphérique coupé par le plan perpendiculaire à Aa et mené par a, et par la droite AC menons un nombre très grand de plans qui divisent ce segment en p parties égales. La composante normale de l'action de chaque partie sur le point a sera

$$\frac{s}{p} = \frac{2\pi\rho}{p},$$

et sera indépendante du rayon AC. Revenons au petit segment de la couche donnée et décomposons-le par les mêmes plans; chaque partie ainsi obtenue pourra être considérée comme appartenant à un segment sphérique, et la composante normale de son action sur a sera $\frac{2\pi\rho}{p}$; donc l'action totale suivant AC du petit segment sur le point a sera $s = 2\pi\rho$ et, d'après la formule (a), on a

$$R - R' = 4\pi\rho,$$

comme il fallait le démontrer.

Il est bon de remarquer que le passage que j'ai mis en caractères italiques et que j'ai reproduit littéralement n'est pas exact. Il résulte en effet du n° 4 que la différence d'attraction du grand segment sur les points A et a est de l'ordre de $D\varepsilon\sqrt{\varepsilon}$ ou $\rho\sqrt{\varepsilon}$ et non de l'ordre de $D\varepsilon^2$. Toutefois cette inexactitude ne modifie en rien les conclusions.

Fonctions qui peuvent être représentées par les potentiels de couches distribuées sur des surfaces.

10. Soit ϖ un volume limité par une surface σ; si les fonctions v, w sont dans cet espace des fonctions continues des coordonnées (a, b, c) d'un point, de même que leurs dérivées du premier ordre, on a cette équation (Chap. I, n° 10)

$$(1) \qquad \int v\,\Delta w\,d\varpi - \int w\,\Delta v\,d\varpi = -\int v\frac{dw}{dn'}\,d\sigma + \int w\frac{dv}{dn'}\,d\sigma,$$

dn' étant l'élément de normale intérieure.

Représentons par r la distance du point (x, y, z) au point (a, b, c) situé dans l'élément de volume $d\varpi$. Si nous faisons $w = \frac{1}{r}$, et que nous supposions le point (x, y, z) dans le volume ϖ, l'équation précédente ne peut être appliquée à tout ce volume, puisque $\frac{1}{r}$ est infini en ce point; mais on pourra l'employer pour tout le volume compris entre la surface σ et une sphère très petite décrite du point (x, y, z) comme centre. Dans tout cet espace, Δw est nul, et si $d\sigma'$ et $d\varpi'$ sont les éléments de la surface et du volume de la sphère, nous aurons

$$(2) \qquad \begin{cases} -\int \frac{1}{r}\Delta v\, d\varpi + \int \frac{1}{r}\Delta v\, d\varpi' = -\int v \frac{d\frac{1}{r}}{dn'} d\sigma + \int \frac{1}{r}\frac{dv}{dn'} d\sigma \\ \qquad -\int v \frac{d\frac{1}{r}}{dr} d\sigma' + \int \frac{1}{r}\frac{dv}{dr} d\sigma'. \end{cases}$$

Désignons par θ et ψ les deux angles des coordonnées sphériques, et faisons tendre le rayon de la sphère vers zéro, nous aurons

$$\lim \int \frac{1}{r}\frac{dv}{dr} d\sigma' = \lim \left(r \frac{dv}{dr} \int \sin\theta\, d\theta\, d\psi \right) = 0,$$

$$\lim \int v \frac{d\frac{1}{r}}{dr} d\sigma' = -v \int \sin\theta\, d\theta\, d\psi = -4\pi v,$$

en mettant dans la fonction v les lettres x, y, z au lieu de a, b, c. On a aussi à la limite

$$\int \frac{1}{r}\Delta v\, d\varpi' = 0.$$

Donc, si l'on suppose que v satisfasse à l'équation

$$\Delta v = \frac{d^2 v}{da^2} + \frac{d^2 v}{db^2} + \frac{d^2 v}{dc^2} = 0$$

dans tout le volume ϖ, l'équation (2) deviendra

$$(3) \qquad 4\pi v = \int v \frac{d\frac{1}{r}}{dn'} d\sigma - \int \frac{1}{r}\frac{dv}{dn'} d\sigma,$$

formule donnée par Green.

Si, la fonction v satisfaisant aux mêmes conditions, le point (x, y, z) est pris en dehors du volume ϖ, on peut faire immédiatement $w = \frac{1}{r}$

dans l'équation (1), et l'on a par suite, au lieu de (3), l'équation suivante :

$$(4)\qquad 0 = \int v \frac{d\frac{1}{r}}{dn'} d\sigma - \int \frac{1}{r}\frac{dv}{dn'} d\sigma.$$

11. Nous allons montrer ensuite comment certaines fonctions des coordonnées rectangulaires d'un point variable peuvent être représentées par les potentiels de couches de matière distribuées sur des surfaces fermées.

THÉORÈME I. — *Si une fonction* v *de* x, y, z *satisfait à l'équation* $\Delta v = 0$ *dans tout l'espace situé en dehors d'une surface* σ *et qu'elle y varie d'une manière continue, ainsi que ses dérivées du premier ordre, si de plus* vR *se réduit à l'infini à une constante bien déterminée,* R *étant la distance du point* (x, y, z) *à un point fixe* O; *alors cette fonction peut être considérée dans tout cet espace comme le potentiel d'une couche infiniment mince de matière distribuée sur* σ.

Pour l'espace intérieur à σ, considérons la fonction donnée par le principe de Dirichlet (Chap. I, n° 16) et qui prend sur σ la même valeur que la fonction v; désignons-la par v_1; nous pouvons y appliquer la formule (4), et, en ayant égard à ce que $v_1 = v$ sur σ, nous avons

$$(5)\qquad 0 = \int v \frac{d\frac{1}{r}}{dn'} d\sigma - \int \frac{1}{r}\frac{dv_1}{dn'} d\sigma,$$

r étant la distance de $d\sigma$ au point (x, y, z) extérieur à σ.

Appliquons ensuite l'équation (3) à la fonction v, en prenant pour le volume ϖ celui qui est renfermé entre la surface σ et une sphère σ_1 d'un rayon R très grand, décrite du point O comme centre. Le point (x, y, z) est, en effet, intérieur à ce volume, et il en résulte

$$(6)\qquad 4\pi v = \int v \frac{d\frac{1}{r}}{dn} d\sigma - \int \frac{1}{r}\frac{dv}{dn} d\sigma + \frac{1}{R^2}\int v\, d\sigma_1 + \frac{1}{R}\int \frac{dv}{dR} d\sigma_1,$$

dn étant l'élément de normale à σ intérieur au volume et, par suite, extérieur à la surface σ; dans le second membre on suppose que dans v on met a, b, c au lieu de x, y, z. Or, par hypothèse, on peut poser, quand R est très grand,

$$v = \frac{A}{R}, \quad \frac{dv}{dR} = -\frac{A}{R^2},$$

A étant une constante fixe; les deux dernières intégrales sont donc nulles quand R devient infini.

Ajoutons les équations (5) et (6), en remarquant que

$$\frac{d\frac{1}{r}}{dn'} + \frac{d\frac{1}{r}}{dn} = 0,$$

puisque dn et dn' sont regardés comme positifs, et nous avons

$$v = -\frac{1}{4\pi}\int\left(\frac{dv_1}{dn'} + \frac{dv}{dn}\right)\frac{d\sigma}{r}.$$

La fonction v donnée à l'extérieur de σ peut donc être considérée comme l'expression du potentiel d'une couche distribuée sur σ et dont la densité est

$$\rho = -\frac{1}{4\pi}\left(\frac{dv_1}{dn'} + \frac{dv}{dn}\right).$$

La démonstration qui précède a été employée par Green et lui a servi à prouver d'une manière indirecte la formule de la densité d'une couche. J'ai dû, toutefois, la modifier de façon à en conclure le théorème précédent.

12. Le même théorème subsisterait, et sans changement dans la démonstration, si l'on y remplaçait la surface σ par plusieurs surfaces σ_1, σ_2, ... Il suffirait de considérer la fonction de Dirichlet à l'intérieur de chacune des surfaces σ_1, σ_2, ...

La fonction v, que nous venons de considérer, étant complètement déterminée, dès qu'on donne sa valeur en tous les points des surfaces σ_1, σ_2, ..., on en conclut aussi :

Théorème II. — *Il existe dans tout l'espace situé en dehors des surfaces fermées σ_1, σ_2, ... une fonction v de x, y, z et une seule, qui est finie et* *continue, ainsi que ses dérivées du premier ordre, qui satisfait à l'équation* $\Delta v = 0$, *qui a en chaque point des surfaces* $\sigma_1, \sigma_2, \ldots$ *des valeurs données, et telle enfin que* Rv *tend vers une constante déterminée, quand la distance* R *du point* (x, y, z) *à un point fixe croît indéfiniment.*

13. Démontrons ensuite un troisième théorème analogue au premier et relatif à l'espace renfermé dans une surface.

THÉORÈME III. — *Si une fonction* v *de* x, y, z *satisfait à l'équation* $\Delta v = 0$ *dans l'intérieur d'une surface* σ, *et qu'elle y varie d'une manière continue, ainsi que ses dérivées du premier ordre, elle peut être considérée dans cet espace comme le potentiel d'une couche infiniment mince distribuée sur* σ.

Considérons la fonction du théorème II, relative à l'espace extérieur à σ et qui prend sur cette surface la même valeur que la fonction v, et désignons-la par v_1. Appliquons la formule (4) à cette fonction, et, pour l'espace compris entre la surface σ et une sphère σ_1 d'un très grand rayon R, nous aurons, puisque $v_1 = v$ sur σ et que le point (x, y, z) n'est pas compris dans le volume,

$$0 = -\int v \frac{d\frac{1}{r}}{dn} d\sigma + \int \frac{1}{r} \frac{dv_1}{dn} d\sigma - \frac{1}{R^2} \int v_1 \, d\sigma_1 - \frac{1}{R} \int \frac{dv_1}{dR} d\sigma_1,$$

dont les deux derniers termes sont nuls à la limite, et il reste

$$0 = \int v \frac{d\frac{1}{r}}{dn} d\sigma - \int \frac{1}{r} \frac{dv_1}{dn} d\sigma.$$

D'autre part, la fonction v satisfait à l'équation (3) ou

$$4\pi v = \int v \frac{d\frac{1}{r}}{dn'} d\sigma - \int \frac{1}{r} \frac{dv}{dn'} d\sigma.$$

Ajoutons les deux dernières équations et nous aurons

$$v = -\frac{1}{4\pi} \int \frac{1}{r} \left(\frac{dv_1}{dn} + \frac{dv}{dn'} \right) d\sigma;$$

c'est donc enfin l'expression du potentiel d'une couche dont la densité est

$$\rho = -\frac{1}{4\pi}\left(\frac{dv_1}{dn} + \frac{dv}{dn'}\right).$$

14. Supposons donc un système de trois coordonnées β_1, β_2, β_3, tel que la surface σ soit représentée par l'équation

$$\beta_3 = \text{const.};$$

un point de cette surface sera déterminé par les coordonnées β_1, β_2; regardons ρ comme une fonction quelconque de β_1, β_2: alors la solution la plus générale de l'équation $\Delta v = 0$, supposée continue ainsi que ses premières dérivées, sera donnée par la formule

$$(a) \qquad v = \int \frac{\rho}{r}\, d\sigma.$$

Remarquons que, suivant l'hypothèse du théorème III, les dérivées premières de v sont seules assujetties à être continues et que, d'après la fonction obtenue pour v, la continuité a lieu aussi pour ses dérivées de tous les ordres. Les mêmes remarques s'étendent à la fonction v du théorème I. Ces propriétés de continuité sont satisfaites jusqu'à la surface σ exclusivement, même quand la densité ρ est discontinue.

Dans l'expression (a), donnons à x, y, z des valeurs imaginaires et posons

$$x = x' + x''i, \quad y = y' + y''i, \quad z = z' + z''i,$$

i étant égal à $\sqrt{-1}$ et x', y', z', x'', y'', z'' des quantités réelles. Si a, b, c sont les coordonnées de $d\sigma$, nous aurons à substituer

$$r = \sqrt{(x' - a + x''i)^2 + (y' - b + y''i)^2 + (z' - c + z''i)^2}$$

dans l'expression de v; il est donc évident que v et ses dérivées de divers ordres ne peuvent devenir ni infinies ni discontinues pour aucun point imaginaire. Donc, si d'un point M quelconque, intérieur à la surface σ, on abaisse la plus courte distance h à cette surface, la fonction sera développable par la série de Taylor, à partir du point M, dans une sphère décrite du point M comme centre avec h pour rayon.

Il en est de même pour la fonction v à l'extérieur de σ.

15. Si les deux fonctions v des théorèmes I et III, relatives, la première aux points extérieurs à la surface σ, la seconde aux points intérieurs, ont sur cette surface la même valeur donnée, alors la densité trouvée pour la couche sera la même dans les deux cas et les deux fonctions v représenteront dans tout l'espace le potentiel d'une même couche distribuée sur σ.

Ce résultat peut encore s'énoncer sous la forme d'un théorème donné par Gauss, mais prouvé par lui d'une manière toute différente :

On peut toujours distribuer sur une surface et d'une seule manière une couche de matière, de sorte que son potentiel ait des valeurs données en tous les points de cette surface.

En effet, on peut concevoir à l'intérieur de σ la fonction de Dirichlet et à l'extérieur la fonction du théorème II, ayant toutes deux les mêmes valeurs sur la surface σ, et ces deux fonctions, d'après ce qui vient d'être dit, sont égales au potentiel d'une même couche distribuée sur σ.

16. Le potentiel d'une masse intérieure à σ remplit les conditions de la fonction v du théorème I et le potentiel d'une masse extérieure à σ remplit celles de la fonction v du théorème III, et l'on en conclut :

THÉORÈME. — *Le potentiel d'une masse* M *située à l'intérieur ou à l'extérieur de la surface σ, pris respectivement à l'extérieur ou à l'intérieur de σ, peut être remplacé par le potentiel d'une couche de matière convenablement distribuée sur σ.*

De plus, si la masse M est intérieure à σ, la masse de cette couche est égale à M. En effet, si l'on appelle M′ la masse de la couche, on aura, quand R grandit indéfiniment,

$$\lim(\mathrm{R}v) = \mathrm{M}, \quad \lim(\mathrm{R}v) = \mathrm{M}';$$

donc $\mathrm{M}' = \mathrm{M}$.

Supposons que, au lieu d'exiger que le potentiel de la couche soit le même que celui de la masse M intérieure ou extérieure, on demande que l'action de la couche soit la même que celle de la masse M; alors il suffit que les deux potentiels ne diffèrent que d'une constante.

Dans le premier cas, où M est intérieur à σ, les deux potentiels considérés doivent être nuls à l'infini ; ils sont donc égaux entre eux et l'on retrouve la distribution précédente.

Dans le second cas, où M est extérieur à σ, à la couche trouvée précédemment ajoutons une couche dont le potentiel ait la valeur constante C sur σ, sa valeur sera aussi constante à l'intérieur (Chap. I, n° 21), et, en faisant varier C, on fera varier la masse de la seconde couche proportionnellement. Donc la masse de la couche résultante est quelconque.

Sur la fonction de Green.

17. La fonction de Green est une fonction de x, y, z, qui, dans l'intérieur d'une surface σ, satisfait à l'équation $\Delta U = 0$, qui y varie d'une manière continue ainsi que ses dérivées du premier ordre, excepté en un point I où la fonction devient infinie comme $\frac{1}{r}$, r étant la distance du point (x, y, z) au point I, enfin qui s'annule sur la surface σ.

Désignons, en général, par la lettre I un point intérieur à σ, par la lettre E un point extérieur, par M un point pris sur cette surface, enfin par R(A, B) la distance entre deux points quelconques A et B.

Il est d'abord facile de reconnaître l'existence de la fonction de Green. En effet, si l'on distribue sur σ une couche S dont le potentiel v ait pour valeur $\frac{1}{R(I, M)}$ en tout point M de σ, $U = \frac{1}{r} - v$ sera la fonction de Green.

$U = \frac{1}{r} - v$ pour tout point extérieur (x, y, z) peut être considéré comme un potentiel et, étant nul sur σ, il est nul à l'extérieur (Chap. I, n° 22) : donc le potentiel v de S dans un point extérieur E est égal à $\frac{1}{r}$ ou $\frac{1}{R(I, E)}$. Ainsi l'on aura, en désignant par $\rho(I)$ la densité de la couche S qui dépend du point I,

$$\int \rho(I) \frac{1}{R(d\sigma, E)} d\sigma = \frac{1}{R(I, E)}.$$

Désignons le potentiel de la couche S au point intérieur I' par $V(I, I')$, nous aurons

$$(a)\qquad \Gamma(\mathrm{I}, \mathrm{I}') = \int \rho(\mathrm{I}) \frac{1}{\mathrm{R}(\mathrm{I}', d\sigma)}\, d\sigma,$$

et, (x', y', z') étant les coordonnées du point I', cette fonction satisfait à l'équation

$$(b)\qquad \Delta'\Gamma = \frac{d^2\Gamma}{dx'^2} + \frac{d^2\Gamma}{dy'^2} + \frac{d^2\Gamma}{dz'^2} = 0,$$

et elle se réduit à $\frac{1}{\mathrm{R}(\mathrm{I}, \mathrm{I}')}$ quand le point I' vient sur la surface σ.

Considérons une seconde couche semblable à S et dont le potentiel par rapport à un point extérieur quelconque E soit $\frac{1}{\mathrm{R}(\mathrm{I}', \mathrm{E})}$, en sorte qu'on ait

$$\int \rho(\mathrm{I}') \frac{1}{\mathrm{R}(d\sigma', \mathrm{E})}\, d\sigma' = \frac{1}{\mathrm{R}(\mathrm{I}', \mathrm{E})},$$

$d\sigma'$ étant un élément quelconque de σ. Cette équation ayant encore lieu quand le point E vient sur l'élément $d\sigma$ de la surface, on a

$$\int \rho(\mathrm{I}') \frac{1}{\mathrm{R}(d\sigma, d\sigma')}\, d\sigma' = \frac{1}{\mathrm{R}(\mathrm{I}', d\sigma)}.$$

Remplaçons le second membre par l'intégrale dans la formule (a), et nous aurons

$$\Gamma(\mathrm{I}, \mathrm{I}') = \int\!\!\int \rho(\mathrm{I})\rho(\mathrm{I}') \frac{1}{\mathrm{R}(d\sigma, d\sigma')}\, d\sigma\, d\sigma'.$$

On en conclut

$$\Gamma(\mathrm{I}, \mathrm{I}') = \Gamma(\mathrm{I}', \mathrm{I}),$$

et d'après (b), x, y, z étant les coordonnées du point I,

$$\Delta\Gamma = \frac{d^2\Gamma}{dx^2} + \frac{d^2\Gamma}{dy^2} + \frac{d^2\Gamma}{dz^2} = 0.$$

Ainsi la fonction de Green

$$\Gamma = \frac{1}{\mathrm{R}(\mathrm{I}, \mathrm{I}')} - \Gamma(\mathrm{I}, \mathrm{I}')$$

ne change pas quand on permute respectivement x, y, z avec x', y', z'.

18. Désignons par V une fonction de x, y, z qui satisfait à l'intérieur de σ aux conditions du principe de Dirichlet et dont la valeur est donnée sur cette surface. On peut exprimer la fonction V au moyen de U. Appliquons le raisonnement du n° **10**, en faisant $w = U$ au lieu de $\frac{1}{r}$, et nous aurons, au lieu de l'équation (3) de ce numéro,

$$4\pi V = \int V \frac{dU}{dn'} d\sigma - \int U \frac{dV}{dn'} d\sigma,$$

dn' étant l'élément de normale intérieure et le point (x', y', z') étant pris sur σ. Comme U est nul sur σ, cette formule devient

$$V = \frac{1}{4\pi} \int V \frac{dU}{dn'} d\sigma.$$

La couche S a pour potentiel au point intérieur I'

$$\mathrm{P}(\mathrm{I}, \mathrm{I}') = \frac{1}{\mathrm{R}(\mathrm{I}, \mathrm{I}')} - \mathrm{U},$$

et cette formule subsisterait si I' était extérieur, à condition de faire $U = 0$, et l'on en conclut pour la densité de la couche S

$$\rho' = \frac{1}{4\pi} \frac{dU}{dn'}.$$

On a donc aussi

$$V = \int V \rho' d\sigma.$$

En regardant V comme le potentiel d'une masse extérieure à σ, on retrouve immédiatement cette formule. En effet, soit dm un élément de cette masse et posons $r = \mathrm{R}(\mathrm{I}, dm)$. Le potentiel de la couche S en cet élément est $\frac{1}{r}$; on a donc $\frac{1}{r} = \int \frac{1}{r'} \rho' d\sigma$, en faisant $r' = \mathrm{R}(d\sigma, dm)$; multiplions par dm et intégrons dans toute l'étendue de la masse m, nous aurons, pour le potentiel en I,

$$V = \int dm \int \frac{1}{r'} \rho' d\sigma = \int \rho' d\sigma \int \frac{dm}{r'} = \int V \rho' d\sigma.$$

19. On a, pour l'espace extérieur à la surface fermée σ, des résultats tout semblables à ceux que nous avons obtenus pour l'espace intérieur, et il nous suffira de les énoncer.

Désignons par $\Gamma(E, E')$ le potentiel pris en E' d'une couche S_1 dont le potentiel est représenté par $\frac{1}{R(E, M)}$ en tout point M de σ; la fonction

$$U_1 = \frac{1}{R(E, E')} - \Gamma(E, E')$$

sera nulle sur σ et à l'extérieur satisfera aux conditions ordinaires du potentiel, excepté qu'elle deviendra infinie comme $\frac{1}{R(E, E')}$ au point E. Cette fonction ne changera pas par la permutation des deux points E et E'.

V étant le potentiel d'une masse intérieure à σ, sa valeur sera donnée à l'extérieur par la formule

$$V = \frac{1}{4\pi}\int V \frac{dU_1}{dn}\, d\sigma,$$

et, si ρ'_1 est la densité de la couche S_1, on aura aussi

$$V = \int V \rho'_1\, d\sigma.$$

Potentiel d'une couche sphérique.

20. Proposons-nous de déterminer le potentiel d'une couche sphérique, en supposant connue la valeur de ce potentiel sur la surface de la sphère. Aux coordonnées rectangulaires x, y, z d'un point substituons les coordonnées polaires r, θ, ψ dont l'origine est au centre d'après les équations

$$x = r\cos\theta, \quad y = r\sin\theta\cos\psi, \quad z = r\sin\theta\sin\psi.$$

La fonction U de Green dépend de deux points (x, y, z), (x', y', z') dont les coordonnées deviennent (r, θ, ψ), (r', θ', ψ'). On vérifie immédiatement que la fonction

$$U = \frac{1}{\sqrt{r^2 + r'^2 - 2prr'}} - \frac{a}{r'} \frac{1}{\sqrt{r^2 + \left(\frac{a^2}{r'}\right)^2 - 2r\frac{a^2}{r'}p}},$$

où l'on fait

$$p = \cos\theta\cos\theta' + \sin\theta\sin\theta'\cos(\psi - \psi'),$$

satisfait aux conditions imposées à la fonction de Green.

Déterminons d'abord le potentiel V de la couche à l'intérieur de la sphère, en désignant par $f(\theta, \psi)$ sa valeur donnée à la surface. Pour cela, appliquons la formule

$$V = \frac{1}{4\pi}\int V\frac{dU}{dn'}d\sigma;$$

nous aurons

$$\frac{dU}{dn'} = -\frac{dU}{dr'}, \quad d\sigma = a^2\sin\theta'\,d\theta'\,d\psi'$$

et, par suite,

$$V = -\frac{a^2}{4\pi}\int_0^{2\pi}d\psi'\int_0^{\pi}\left(\frac{dU}{dr'}\right)_{r'=a}f(\theta', \psi')\sin\theta'\,d\theta'.$$

On trouve ensuite

$$\left(\frac{dU}{dr'}\right)_{r'=a} = \frac{r^2 - a^2}{a(a^2 + r^2 - 2arp)^{\frac{3}{2}}},$$

et il en résulte la formule de Lagrange et Poisson

$$V = \frac{a(a^2 - r^2)}{4\pi}\int_0^{2\pi}d\psi'\int_0^{\pi}\frac{f(\theta', \psi')\sin\theta'\,d\theta'}{(a^2 + r^2 - 2arp)^{\frac{3}{2}}}.$$

Pour obtenir le potentiel à l'extérieur, il faudra changer le signe de la dérivée de U, et par suite aussi celui de l'expression obtenue pour V. Ainsi, en désignant par V' le potentiel pour un point extérieur, on a

$$V' = \frac{a(r^2 - a^2)}{4\pi}\int_0^{2\pi}d\psi'\int_0^{\pi}\frac{f(\theta', \psi')\sin\theta'\,d\theta'}{(a^2 + r^2 - 2arp)^{\frac{3}{2}}}.$$

21. Calculons la densité ρ de la couche sphérique, en partant de la formule

$$-4\pi\rho = \left(\frac{dV'}{dr}\right)_{r=a} - \left(\frac{dV}{dr}\right)_{r=a}.$$

Nous considérerons le point de la surface qui correspond à $\theta = 0$;

toutefois, comme l'axe polaire peut être pris arbitrairement, nous pourrons considérer le résultat que nous obtiendrons comme général.

θ étant égal à zéro, nous aurons $p = \cos\theta'$. Posons

$$\frac{1}{2\pi}\int_0^{2\pi} f(\theta',\psi')\,d\psi' = F(\theta');$$

alors $F(\theta')$ sera la valeur moyenne de $f(\theta',\psi')$ le long du parallèle donné par l'angle θ'. Si nous posons de plus

$$\frac{r}{a} = u,$$

les expressions de V et V' deviendront

$$V = \frac{1-u^2}{2}\int_0^{\pi}\frac{F(\theta')\sin\theta'\,d\theta'}{(1-2u\cos\theta'+u^2)^{\frac{3}{2}}} \quad \text{avec} \quad u<1,$$

$$V' = -\frac{1-u^2}{2}\int_0^{\pi}\frac{F(\theta')\sin\theta'\,d\theta'}{(1-2u\cos\theta'+u^2)^{\frac{3}{2}}} \quad \text{avec} \quad u>1.$$

Avant de différentier V par rapport à r, faisons-lui subir une transformation; nous avons d'abord

$$2V = -\frac{1-u^2}{u}\int_0^{\pi}F(\theta')\,d\frac{1}{(1-2u\cos\theta'+u^2)^{\frac{1}{2}}}$$

et, en intégrant par parties,

$$(2)\quad \left\{\begin{aligned} 2V = &-\frac{1-u^2}{u}\left[\frac{F(\pi)}{(1+2u+u^2)^{\frac{1}{2}}} - \frac{F(0)}{(1-2u+u^2)^{\frac{1}{2}}}\right] \\ &+\frac{1-u^2}{u}\int_0^{\pi}\frac{F'(\theta')\,d\theta'}{(1-2u\cos\theta'+u^2)^{\frac{1}{2}}}. \end{aligned}\right.$$

Les radicaux de cette formule sont essentiellement positifs; on a donc

$$2V = \frac{1+u}{u}F(0) - \frac{1-u}{u}F(\pi) + \frac{1-u^2}{u}\int_0^{\pi}\frac{F'(\theta')\,d\theta'}{(1-2u\cos\theta'+u^2)^{\frac{1}{2}}}.$$

Différentions cette expression par rapport à u, nous aurons

$$2u\frac{dV}{dr}=2\frac{dV}{du}=-\frac{1}{u^2}F(o)+\frac{1}{u^2}F(\pi)-\left(\frac{1}{u^2}+1\right)\int_0^\pi\frac{F'(\theta')\,d\theta'}{(1-2u\cos\theta'+u^2)^{\frac{1}{2}}}$$
$$+\left(\frac{1}{u}-u\right)\int_0^\pi\frac{F'(\theta')(-u+\cos\theta')}{(1-2u\cos\theta'+u^2)^{\frac{3}{2}}}\,d\theta'.$$

Pour $u=1$, le dernier terme est nul ; pour le prouver, il suffit de vérifier que l'intégrale qui multiplie $\frac{1}{u}-u$ n'a pas d'éléments infinis ; or pour $u=1$ elle devient

$$-\frac{1}{4}\int_0^\pi\frac{F'(\theta')\,d\theta'}{\sin\frac{\theta'}{2}},$$

et nous prouverons ci-dessous que pour $\theta'=0$ la quantité soumise au signe d'intégration reste finie. Donc, en faisant $u=1$ ou $r=a$, nous aurons

$$\frac{dV}{dr}=-\frac{1}{2a}F(o)+\frac{1}{2a}F(\pi)-\frac{1}{2a}\int_0^\pi\frac{F'(\theta')\,d\theta'}{\sin\frac{\theta'}{2}}.$$

Les calculs qui précèdent conviennent à V' avec un léger changement. L'expression (α) changée de signe donne $2V'$, mais dans

$$\frac{F(o)}{(1-2u+u^2)^{\frac{1}{2}}},$$

il faut encore considérer le dénominateur comme positif, et, comme u est >1, il faut le prendre égal à $u-1$, tandis qu'il était égal à $1-u$ précédemment. Comme on n'a pas à faire d'autre modification, on obtient

$$\frac{dV'}{dr}=-\frac{1}{2a}F(o)-\frac{1}{2a}F(\pi)+\frac{1}{2a}\int_0^\pi\frac{F'(\theta')\,d\theta'}{\sin\frac{\theta'}{2}}.$$

Il en résulte la formule donnée par Dirichlet

$$\rho=\frac{1}{4\pi a}\left[F(\pi)-\int_0^\pi\frac{F'(\theta')\,d\theta'}{\sin\frac{\theta'}{2}}\right].$$

22. Nous allons maintenant démontrer que l'intégrale qui se trouve dans cette expression n'a pas un élément infini pour $\theta' = 0$. En effet la fonction $f(\theta, \psi)$ peut être considérée comme une fonction monodrome des coordonnées x, y, z d'un point de la surface de la sphère; or on a

$$x = a\cos\theta, \quad y = a\sin\theta\cos\psi, \quad z = a\sin\theta\sin\psi,$$

et ces expressions ne changent pas quand on y remplace θ par $-\theta$ et ψ par $\psi + \pi$; donc la fonction

$$F(\theta) = \frac{1}{2\pi}\int_0^{2\pi} f(\theta, \psi)\, d\psi$$

doit être égale à

$$\frac{1}{2\pi}\int_0^{2\pi} f(-\theta, \psi + \pi)\, d\psi,$$

et, comme f doit avoir par rapport à ψ la période 2π, cette intégrale est égale à

$$\frac{1}{2\pi}\int_0^{2\pi} f(-\theta, \psi)\, d\psi = F(-\theta).$$

$F(\theta)$ est donc une fonction paire. Il en résulte que la dérivée $F'(\theta)$ est une fonction impaire qui renferme θ en facteur. Donc l'expression trouvée pour ρ est finie et déterminée.

CHAPITRE III.

POTENTIEL LOGARITHMIQUE. — POTENTIEL CALORIFIQUE. SECOND POTENTIEL.

Nous étudierons dans ce Chapitre des fonctions qui jouissent de propriétés analogues à celles du potentiel et qu'on rencontre aussi en Physique mathématique.

POTENTIEL LOGARITHMIQUE.

Préliminaires.

1. Supposons que nous ayons à considérer l'attraction, sur un point, de masses ayant la forme de cylindres infinis dans les deux sens et dont les génératrices sont parallèles à une même droite l; supposons de plus que la densité reste la même le long de toute droite parallèle à l. Prenons des axes de coordonnées rectangulaires, l'axe des z étant parallèle à la droite l, et le plan des x, y étant mené par le point qu'on suppose attiré suivant la loi de la raison inverse du carré de la distance.

Examinons d'abord l'attraction d'une droite parallèle à l'axe des z sur le point; désignons par r la distance du point à la droite et nous aurons pour l'attraction qui sera dirigée suivant la perpendiculaire à cette droite

$$r\int_{-\infty}^{\infty}\frac{dz}{(z^2+r^2)^{\frac{3}{2}}}=\frac{1}{r}\left[\frac{z}{(z^2+r^2)^{\frac{1}{2}}}\right]_{-\infty}^{\infty}=\frac{2}{r}.$$

L'attraction d'un filet cylindrique, dont la densité ρ sera constante et dont la section droite sera $d\omega$, aura pour valeur $2\rho\frac{d\omega}{r}$, et ses composantes suivant les axes des x et des y seront les quantités

$$2\rho\frac{d\omega}{r}\frac{a-x}{r},\quad 2\rho\frac{d\omega}{r}\frac{b-y}{r},$$

où a, b désignent les coordonnées d'un point de $d\omega$, et les mêmes composantes de l'attraction d'un cylindre seront

$$-2\int\rho\frac{x-a}{r^2}d\omega,\quad -2\int\rho\frac{y-b}{r^2}d\omega,$$

les intégrales étant étendues à tous les éléments $d\omega$ de la section droite du cylindre. Ces deux composantes peuvent être représentées par

$$2\frac{dV}{dx},\quad 2\frac{dV}{dy},$$

en posant

$$V=\int\rho\log\frac{1}{r}d\omega. \tag{a}$$

Nous désignerons cette expression avec M. C. Neumann sous le nom de *potentiel logarithmique*, et cette fonction satisfait à l'équation

$$\frac{d^2V}{dx^2}+\frac{d^2V}{dy^2}=0.$$

Ainsi au problème proposé nous substituons celui de l'attraction sur un point d'une surface recouverte d'une couche de matière et dont les différents éléments agissent sur un point en raison inverse de la distance.

Le potentiel d'un cylindre droit d'une longueur $2h$ par rapport à un point situé à égale distance des plans des deux bases devient infini, quand h grandit indéfiniment, et la fonction $2V$ peut être considérée comme différant de ce potentiel d'une constante infinie. On conçoit donc facilement que la fonction V doit jouir de propriétés analogues à celles du potentiel ordinaire.

D'après les raisonnements qui ont été donnés pour le potentiel dans le Chapitre I (n° 3), on peut démontrer que la fonction de x, y, fournie par la formule (a), est continue ainsi que ses dérivées du premier ordre.

Valeur de ΔV à l'intérieur de la masse.

2. Posons

$$\Delta V = \frac{d^2V}{dx^2} + \frac{d^2V}{dy^2},$$

et pour trouver de la manière la plus simple la valeur de ΔV quand le point (x, y) est à l'intérieur de la masse, considérons de nouveau la masse cylindrique indéfinie. De ce point comme centre avec un rayon infiniment petit, décrivons une sphère et soient U_1 le potentiel relatif à la partie de la masse renfermée dans la sphère et U_2 le potentiel relatif à la partie de la masse restante que nous supposerons d'abord terminée entre les deux plans $z = \pm h$; nous aurons

$$\frac{d^2U_1}{dx^2} + \frac{d^2U_1}{dy^2} + \frac{d^2U_1}{dz^2} = -4\pi\rho,$$

$$\frac{d^2U_2}{dx^2} + \frac{d^2U_2}{dy^2} + \frac{d^2U_2}{dz^2} = 0;$$

en ajoutant, et remplaçant $U_1 + U_2$ par U,

$$\frac{d^2U}{dx^2} + \frac{d^2U}{dy^2} + \frac{d^2U}{dz^2} = -4\pi\rho.$$

Si l'on suppose que la longueur $2h$ des masses cylindriques devienne infinie, U devient indépendant de z et l'on a

$$\frac{d^2U}{dx^2} + \frac{d^2U}{dy^2} = -4\pi\rho;$$

mais, d'après le numéro précédent, U est égal à $2V$, à une constante près; il en résulte

$$\frac{d^2V}{dx^2} + \frac{d^2V}{dy^2} = -2\pi\rho.$$

On peut aussi démontrer cette formule directement en suivant l'analyse des nos 7 et 8 du Chapitre I. D'abord, conformément au no 5 de ce Chapitre, on a ce théorème :

Soient U *et* F *deux fonctions continues de* x, y, *ainsi que leurs dérivées* *premières, dans une surface plane ω, l'intégrale*

$$\iint U \frac{dF}{dx}\, dx\, dy$$

étendue à la surface ω est égale à

$$\int UF \cos\lambda\, ds - \int F \frac{dU}{dx}\, d\omega,$$

la première intégrale étant étendue à toute la ligne s qui termine ω, et λ étant l'angle de la normale avec l'axe des x.

Désignons par a, b les coordonnées d'un point de $d\omega$, et nous trouverons comme à l'endroit cité

$$\frac{dV}{dx} = -\int \rho \cos\lambda \log\frac{1}{r}\, ds + \int \frac{d\rho}{da} \log\frac{1}{r}\, d\omega,$$

$$\frac{d^2V}{dx^2} = -\int \rho \frac{\cos\lambda \cos\alpha}{r}\, ds + \int \frac{d\rho}{da} \frac{\cos\alpha}{r}\, d\omega.$$

On décrira ensuite un cercle infiniment petit du point (x, y) comme centre et l'on partagera le potentiel en deux parties : l'une V_1 relative à la masse renfermée dans le cercle, et l'autre V_2 relative à la masse restante. Enfin on démontrera facilement que l'on a $\Delta V_1 = -2\pi\rho$.

Énoncé des propriétés caractéristiques du potentiel logarithmique.

3. Le potentiel V d'une ou plusieurs masses situées dans le plan des x, y, étant pris par rapport au point (x, y), jouit des propriétés suivantes :

1° V *et ses premières dérivées par rapport à x, y sont des fonctions continues de x, y dans tout le plan;*

2° *Si nous désignons par* R *la distance du point (x, y) à un point fixe, la limite de $-\frac{V}{\log R}$, quand* R *grandit indéfiniment, tend vers une constante déterminée qui est la masse totale.*

3° *Si l'on excepte certaines lignes où ΔV est indéterminé, on a dans tout le plan*

$$\Delta V = -2\pi\rho,$$

ρ étant la densité de la masse au point (x, y) et ayant pour valeur zéro, s'il n'y a pas de masse en ce point.

Réciproquement, soit une fonction V qui satisfait à la première et à la troisième condition où ρ est une fonction donnée dans un espace fini ω et a une valeur nulle en dehors; posons

$$M = \int \rho \, d\omega;$$

si de plus la limite de $\frac{V}{\log R}$ est égale à $-M$, quand R grandit indéfiniment, V est le potentiel logarithmique d'une masse située sur ω et dont la densité est ρ en chaque point.

Cette proposition se démontre comme celle du n° 15 du Chapitre I. Énonçons enfin ce théorème, qui se démontre comme celui du n° 16 de ce Chapitre :

Dans tout espace plan limité par une ligne fermée s, il existe toujours une fonction V de x, y et une seule qui est continue ainsi que ses premières dérivées, qui satisfait dans tout point de cet espace à l'équation

$$\Delta V = 0,$$

et qui a en chaque point de la courbe s une valeur finie et déterminée.

Fonctions qui peuvent être représentées par le potentiel logarithmique de couches mises sur des lignes fermées.

4. Désignons par ω une surface plane limitée par une ligne s; si v et w sont deux fonctions des coordonnées a, b de tout point de ω, qui sont continues ainsi que leurs premières dérivées, on a cette équation

$$\int v \, \Delta w \, d\omega - \int w \, \Delta v \, d\omega = -\int v \frac{dw}{dn'} ds + \int w \frac{dv}{dn'} ds, \tag{1}$$

dn' étant l'élément de normale intérieure à la ligne s.

Désignons par r la distance du point (x, y) au point (a, b) situé sur l'élément $d\omega$. Si le point (x, y) est situé sur ω, nous ne pouvons pas faire $w = \log r$, puisque $\log r$ devient infini quand le point (a, b) vient en (x, y). Mais, du point P comme centre avec un rayon infiniment petit, décrivons un cercle; alors, avec cette valeur de w, l'équation sera applicable à toute la partie du plan comprise entre le cercle et la ligne s. Dans tout cet espace on aura $\Delta w = 0$, et si nous désignons par ds' et $d\omega'$ les éléments de la circonférence et de la surface du cercle, nous obtiendrons

$$(2)\quad \left\{ \begin{aligned} -\int \log r.\Delta v\, d\omega + \int \log r.\Delta v\, d\omega' = &-\int v \frac{d\log r}{dn'}\, ds + \int \log r \frac{dv}{dn'}\, ds \\ &-\int v \frac{d\log r}{dr}\, ds' + \int \log r \frac{dv}{dr}\, ds'. \end{aligned} \right.$$

Il est très aisé de voir que la deuxième et la sixième intégrale sont nulles et qu'on a pour la cinquième

$$\int v \frac{d\log r}{dr}\, ds' = 2\pi v,$$

en mettant dans v les lettres x, y au lieu de a, b.

Supposons ensuite que v satisfasse à l'équation

$$\Delta v = \frac{d^2 v}{da^2} + \frac{d^2 v}{db^2} = 0$$

sur toute la surface ω, et l'équation (2) deviendra

$$(3)\qquad 2\pi v = -\int v \frac{d\log r}{dn'}\, ds + \int \log r \frac{dv}{dn'}\, ds.$$

Si le point (x, y) est pris en dehors de la surface ω, on peut faire immédiatement $w = \log r$ dans l'équation (1) et l'on obtient

$$(4)\qquad 0 = -\int v \frac{d\log r}{dn'}\, ds + \int \log r \frac{dv}{dn'}\, ds.$$

5. Les deux formules (3) et (4) permettent de représenter certaines fonctions des coordonnées d'un point par des potentiels de couches distribuées sur certaines lignes; les théorèmes qui en résultent sont entièrement semblables à ceux des nos 11, 12, 13 du Chapitre I, et

ils se démontrent de la même manière. Il nous suffira donc de les énoncer :

THÉORÈME I. — *Si une fonction v de x, y satisfait à l'équation $\Delta v = 0$ dans toute la partie du plan des x, y, située en dehors d'une ou de plusieurs lignes fermées s et qu'elle y soit continue ainsi que ses premières dérivées; si, en outre, lorsque le point (x, y) va à une distance très grande, v se réduit à l'expression*

$$A \log R + \frac{B}{R},$$

où A et B sont deux constantes, et R la distance du point (x, y) à un point fixe, en négligeant les quantités de l'ordre $\frac{1}{R^2}$; alors v peut être considéré, dans toute cette partie du plan, comme le potentiel logarithmique de couches distribuées sur les lignes s.

THÉORÈME II. — *Il existe dans tout l'espace situé en dehors des courbes fermées s_1, s_2, ... une fonction de x, y et une seule, qui est finie et continue ainsi que ses premières dérivées, qui satisfait à l'équation $\Delta v = 0$, qui a en chaque point des courbes s_1, s_2, ... des valeurs données et telle enfin qu'à une distance R de l'origine elle se réduit à l'expression*

$$A \log R + \frac{B}{R},$$

où A et B sont des constantes, en négligeant les quantités plus petites que celles de l'ordre $\frac{1}{R}$.

THÉORÈME III. — *Si une fonction v de x, y satisfait à l'équation $\Delta v = 0$ dans l'intérieur d'une courbe s et qu'elle y varie d'une manière continue ainsi que ses premières dérivées, elle peut être considérée dans cet espace comme le potentiel logarithmique d'une couche située sur la courbe s.*

Fonction analogue à la fonction de Green.

6. D'après les raisonnements qui ont été donnés au Chapitre II (n° 17), il existe une fonction U de x, y : 1° qui satisfait à l'équation $\Delta U = 0$ dans l'intérieur d'une ligne fermée s; 2° qui satisfait aux

conditions de continuité, excepté en un point (x', y') où elle devient infinie comme $\log\frac{1}{r}$, r étant la distance du point (x, y) au point (x', y'); 3° qui s'annule sur le contour s. Cette fonction reste invariable, quand on permute x, y avec x', y'.

Soit ensuite une fonction V qui satisfait dans l'intérieur de s aux conditions de continuité et à l'équation $\Delta V = 0$; si sa valeur est donnée sur s, cette fonction aura pour valeur

$$V = \frac{1}{2\pi}\int V \frac{dU}{dn'} ds.$$

Dans le cas où la courbe s est un cercle dont le rayon est a, désignons par (R, θ) et (R', θ') les coordonnées polaires des points (x, y) et (x', y'); on vérifie facilement que la fonction

$$\begin{aligned} U = &-\tfrac{1}{2}\log[R^2 + R'^2 - 2RR'\cos(\theta - \theta')] \\ &+ \tfrac{1}{2}\log\left[\frac{R^2R'^2}{a^2} + a^2 - 2RR'\cos(\theta - \theta')\right] \end{aligned}$$

satisfait aux conditions imposées à la fonction U.

Nous aurons ensuite

$$\frac{dU}{dn'} = -\left(\frac{dU}{dR'}\right)_{R'=a} = \frac{a^2 - R^2}{a[a^2 + R^2 - 2aR\cos(\theta - \theta')]}.$$

Désignons par $f(\theta)$ la valeur de V donnée sur le cercle et nous aurons

$$V = \frac{a^2 - R^2}{2\pi}\int_0^{2\pi} \frac{f(\theta)\,d\theta}{a^2 + R^2 - 2aR\cos(\theta - \theta')}.$$

POTENTIEL CALORIFIQUE.

Considérations générales.

7. Je vais reproduire sur la solution de l'équation

$$(1) \qquad \Delta u = -x^2 u$$

des théorèmes que j'ai exposés précédemment (*Journal de Liouville*,

1872 et 1879). Cette solution se présente dans la Théorie de la chaleur. Si nous supposons, en effet, un corps solide homogène qui se refroidisse, sa température en un quelconque de ses points satisfait à l'équation, où t est le temps,

$$(2) \qquad \Delta V = k \frac{dV}{dt},$$

et l'on représente en général V par une série de termes qui sont de la forme $ue^{-k\alpha^2 t}$, où u n'est fonction que de x, y, z et qui satisfont séparément à l'équation (2). La fonction u satisfait donc à une équation de la forme (1), et elle est évidemment une fonction continue de x, y, z, ainsi que ses premières dérivées; c'est la fonction que nous nous proposons d'examiner.

Soient a, b, c les coordonnées rectangulaires d'un point fixe, et x, y, z celles d'un point variable; enfin soit r la distance de ces deux points, en sorte que

$$r^2 = (x-a)^2 + (y-b)^2 + (z-c)^2;$$

on peut d'abord vérifier que l'expression $\frac{\cos \alpha r}{r}$ satisfait à l'équation (1).

Supposons ensuite différents points (a, b, c), (a', b', c'), ..., où se trouvent concentrées des masses m, m', m'', ..., et soient r, r', r'', ... leurs distances au point (x, y, z); il est évident que la fonction

$$u = \sum m \frac{\cos \alpha r}{r}$$

satisfera également à l'équation (1). Enfin à des points matériels déterminés substituons une ou plusieurs masses continues, dont nous désignerons l'élément de volume par $d\varpi$ et la densité par ρ; nous obtiendrons l'intégrale

$$(3) \qquad u = \int \frac{\cos \alpha r}{r} \rho \, d\varpi,$$

étendue à toutes les masses et qui satisfera à l'équation (1), pourvu que le point (x, y, z) soit extérieur aux masses.

Imaginons que chaque élément des masses précédentes exerce sur le point (x, y, z) à la distance r une attraction égale à sa masse multipliée par $\frac{\cos \alpha r + \alpha r \sin \alpha r}{r^2}$; les dérivées de u par rapport à x, y, z donneront les composantes de l'attraction de la masse entière sur le point (x, y, z).

Nous désignerons l'expression (3) sous le nom de *potentiel calorifique*. L'expression

$$\int \frac{\sin \alpha r}{r} \rho \, d\varpi$$

satisfait aussi à l'équation (1), même si le point (x, y, z) est intérieur à la masse; mais elle est moins utile à considérer que l'expression (3).

8. On peut faire sur le potentiel calorifique une théorie analogue à celle du potentiel ordinaire V, et, en faisant ensuite $\alpha = 0$ dans les résultats obtenus, on en déduirait ceux que nous avons exposés dans les Chapitres I et II.

On démontre, comme pour le potentiel V, que u est une fonction continue de x, y, z, ainsi que ses premières dérivées. Je dis ensuite que, si le point (x, y, z) est situé à l'intérieur de la masse, on a

$$(a) \qquad \Delta u + \alpha^2 u = -4\pi\rho.$$

En effet, décrivons une très petite sphère dont le centre soit au point (x, y, z) et posons

$$u = u_1 + u_2,$$

u_1 étant la partie de u qui correspond au volume de la sphère, et u_2 la partie restante. Nous aurons d'abord

$$(b) \qquad \Delta u_2 = -\alpha^2 u_2.$$

Ensuite, on voit bien facilement que Δu_1 est égal à

$$\Delta V = \Delta \int \frac{1}{r} \rho \, d\tau,$$

où $d\tau$ désigne l'élément du volume de la sphère; or ΔV est égal à $-4\pi\rho$; on a donc

$$(c) \qquad \Delta u_1 = -4\pi\rho,$$

et, comme u_1 est infiniment petit, en ajoutant (b) et (c), nous aurons l'équation (a).

Sur la solution de l'équation $\Delta v = \alpha^2 v$.

9. Avant d'examiner la solution de l'équation

$$(1) \qquad \Delta u = -\alpha^2 u,$$

nous nous occuperons de celle de l'équation

$$(2) \qquad \Delta v = \alpha^2 v,$$

qui est plus facile, afin de nous préparer à l'étude de la fonction u.

En changeant α en $\alpha\sqrt{-1}$, on voit que la fonction

$$\int \frac{\cos(\alpha r\sqrt{-1})}{r} \rho \, d\varpi$$

satisfera à l'équation (2), pourvu que le point (x, y, z) soit pris en dehors des masses.

Théorème. — 1° *Il existe une fonction* v *de* x, y, z *qui est continue ainsi que ses dérivées premières à l'intérieur d'une surface fermée* σ, *qui satisfait dans cet espace à l'équation*

$$\Delta v = \alpha^2 v,$$

et qui possède une valeur donnée U *en chaque point de la surface.* 2° *Une seule fonction satisfait à ces conditions.*

Posons en général, pour abréger,

$$(\mathrm{D}u)^2 = \left(\frac{du}{dx}\right)^2 + \left(\frac{du}{dy}\right)^2 + \left(\frac{du}{dz}\right)^2,$$

et désignons par u une fonction de x, y, z, assujettie à être continue ainsi que ses dérivées du premier ordre et à être égale à la fonction donnée U en chaque point de la surface. Il existe une infinité de fonctions qui satisfont à ces conditions; cherchons celle qui rend minimum l'expression

$$(2)\qquad \int [(\mathrm{D}u)^2 + \alpha^2 u^2]\,d\varpi,$$

et désignons-la par v. Posons

$$u = v + h\nu,$$

h étant une constante et ν une certaine fonction ; alors l'expression (2) deviendra

$$\int [(\mathrm{D}v)^2 + \alpha^2 v^2]\,d\varpi + 2h\int \left(\frac{dv}{dx}\frac{d\nu}{dx} + \frac{dv}{dy}\frac{d\nu}{dy} + \frac{dv}{dz}\frac{d\nu}{dz}\right) d\varpi$$
$$+ 2h\alpha^2 \int v\nu\,d\varpi + h^2 \int [(\mathrm{D}\nu)^2 + \alpha^2\nu^2]\,d\varpi.$$

Appliquons la formule

$$(3)\qquad \int \left(\frac{dv}{dx}\frac{d\nu}{dx} + \frac{dv}{dy}\frac{d\nu}{dy} + \frac{dv}{dz}\frac{d\nu}{dz}\right) d\varpi = -\int \nu\,\Delta v\,d\varpi - \int \nu\,\frac{dv}{dn'}\,d\sigma,$$

et cette expression prend cette forme

$$\int [(\mathrm{D}v)^2 + \alpha^2 v^2]\,d\varpi - 2h\int \nu\,\frac{dv}{dn'}\,d\sigma$$
$$- 2h\int \nu\,(\Delta v - \alpha^2 v)\,d\varpi + h^2 \int [(\mathrm{D}\nu)^2 + \alpha^2\nu^2]\,d\varpi.$$

Le second terme de cette formule est nul, parce que ν est nul sur σ d'après l'hypothèse, et, pour qu'il y ait minimum pour $u = v$, il faut que le troisième terme qui change de signe avec h soit nul, quel que soit ν ; il faut donc, pour le minimum cherché, que l'on ait

$$\Delta v = \alpha^2 v$$

pour tous les points situés à l'intérieur de σ.

Reste à prouver qu'il n'existe pas une seconde fonction v' qui satisfait aux mêmes conditions. En effet, la fonction $\mathrm{V} = v - v'$ satisferait aux mêmes conditions de continuité et à l'équation

$$\Delta \mathrm{V} = \alpha^2 \mathrm{V} ;$$

de plus, elle serait nulle sur la surface σ.

Nous pouvons prendre dans l'équation (3) les deux fonctions égales à V et nous en concluons

$$(4) \qquad \int\left[\left(\frac{dV}{dx}\right)^2+\left(\frac{dV}{dy}\right)^2+\left(\frac{dV}{dz}\right)^2+\alpha^2V^2\right]d\varpi=0;$$

il en résulte que V est nul ou que $v'=v$ dans tout le volume ϖ.

Si l'on change α^2 en $-\alpha^2$ dans ces raisonnements, ils cessent d'être applicables, car on ne peut plus dire que l'expression qui remplace (2) est évidemment susceptible d'un minimum, ni que l'équation qui remplace (4) exige que V soit nul dans tout le volume ϖ.

10. Considérons un volume ϖ limité par une surface σ et écrivons l'équation connue

$$(5) \qquad \int v\,\Delta w\,d\varpi-\int w\,\Delta v\,d\varpi=-\int v\frac{dw}{dn'}d\sigma+\int w\frac{dv}{dn'}d\sigma.$$

Désignons par r la distance du point (x, y, z) à un point (a, b, c) de $d\varpi$. Si le point (x, y, z) est situé en dehors du volume ϖ, on peut faire dans cette équation

$$w=\frac{\cos\alpha r}{r},$$

et si l'on suppose, de plus, que v satisfait à l'équation

$$\Delta v=-\alpha^2 v,$$

l'équation (5) devient

$$(6) \qquad 0=\int v\frac{d\dfrac{\cos\alpha r}{r}}{dn'}d\sigma-\int\frac{\cos\alpha r}{r}\frac{dv}{dn'}d\sigma.$$

Si le point (x, y, z) est intérieur au volume ϖ, on décrira une sphère de ce point comme centre avec un rayon infiniment petit et on appliquera l'équation (5) au volume compris entre cette sphère et la surface σ, et, comme au n° 10 du Chapitre II, on obtiendra

$$(7) \qquad 4\pi v=\int v\frac{d\dfrac{\cos\alpha r}{r}}{dn'}d\sigma-\int\frac{\cos\alpha r}{r}\frac{dv}{dn'}d\sigma.$$

Si v était solution de l'équation

$$\Delta v = \alpha^2 v,$$

on aurait les mêmes équations (6) et (7) avec le seul changement de α en $\alpha\sqrt{-1}$.

11. Théorème I. — *Si une fonction v de x, y, z satisfait à l'équation $\Delta v = \alpha^2 v$ dans tout l'espace situé en dehors d'une surface σ et qu'elle y soit continue ainsi que ses dérivées premières, si de plus Rv et $R^2 \frac{dv}{dR}$ conservent des valeurs finies quand la distance R d'un point fixe au point (x, y, z) devient infinie, alors cette fonction peut être considérée dans tout cet espace comme le potentiel calorifique d'une couche distribuée sur σ.*

Pour l'espace intérieur à σ, considérons la fonction fournie par le théorème du n° 9 et qui prend sur σ la même valeur que la fonction v; désignons-la par v_1 et appliquons à v_1 l'équation (6). Alors, en raisonnant comme au n° 11 du Chapitre II, on trouvera

$$v = -\frac{1}{4\pi}\int\left(\frac{dv_1}{dn'} + \frac{dv}{dn}\right)\frac{\cos\left(\alpha r\sqrt{-1}\right)}{r}\,d\sigma.$$

Le théorème est donc démontré et la densité de la couche est

$$-\frac{1}{4\pi}\left(\frac{dv_1}{dn'} + \frac{dv}{dn}\right).$$

Remarque. — La fonction v de ce théorème est complètement déterminée dès qu'on donne sa valeur sur la surface σ et elle servira à démontrer le théorème suivant :

Théorème II. — *Si une fonction v de x, y, z satisfait à l'équation $\Delta v = \alpha^2 v$ dans l'intérieur d'une surface σ et qu'elle y soit continue avec ses premières dérivées, elle peut être considérée dans cet espace comme le potentiel calorifique d'une couche distribuée sur σ.*

En raisonnant comme au n° 13 du Chapitre II, on trouvera que la densité de la couche est

$$\rho = -\frac{1}{4\pi}\left(\frac{dv_1}{dn} + \frac{dv}{dn'}\right),$$

v_1 étant la fonction du théorème précédent qui a la même valeur que v sur la surface σ.

Supposons un système de trois coordonnées tel que la surface σ soit représentée par la constance d'une des coordonnées. Un point de la surface sera représenté par les deux autres coordonnées β_1, β_2; regardons ρ comme une fonction quelconque de β_1 et β_2; la solution la plus générale de l'équation $\Delta v = \alpha^2 v$, assujettie toutefois aux conditions de continuité, sera représentée à l'intérieur de σ par la formule

$$(A) \qquad v = \int \frac{\cos(\alpha r\sqrt{-1})}{r}\rho\, d\sigma.$$

Solution de l'équation $\Delta u = -\alpha^2 u$.

12. Revenons maintenant à la solution de l'équation

$$(a) \qquad \Delta u = -\alpha^2 u,$$

prise à l'intérieur de la surface σ. On voit d'abord immédiatement que

$$(B) \qquad u = \int \frac{\cos \alpha r}{r}\rho\, d\sigma$$

sera solution de cette équation, et il reste à prouver que ce sera la solution la plus générale, en admettant toujours les conditions de continuité.

En effet, la fonction ρ de β_1 et β_2 pourra être développée en une série dont tous les coefficients constants seront arbitraires, et si nous remplaçons ρ par ce développement dans la formule (A), la fonction v sera aussi développée en une série dont les coefficients dépendront respectivement des premiers et pourront être aussi considérés comme arbitraires. Ces coefficients seront déterminés par la condition que v ait une valeur donnée en chaque point de la surface σ.

Si, dans le calcul précédent, on change α en $\alpha\sqrt{-1}$, les coefficients resteront réels et ils seront déterminés de telle sorte que u soit une fonction donnée de β_1 et β_2 en tous les points de σ.

Donc on peut trouver, en général, une fonction de la forme (B), et une seule, qui ait une valeur donnée en chaque point de σ. Il peut cependant y avoir exception pour des valeurs particulières de α qui rendraient infini un des coefficients de la série qui représente la fonction u.

En effet, tous les coefficients des termes du développement de (B) étant d'abord arbitraires, chacun de ces termes satisfait à l'équation

$$(a) \qquad \Delta u = -\alpha^2 u,$$

et si l'un de ces termes s'annule sur σ, son coefficient devient en général infini; le problème devient donc impossible. Mais alors on a la solution d'un autre problème, qui consiste à trouver une fonction (B) qui s'annule sur σ.

Les raisonnements du n° 11 prouvent d'ailleurs que la solution la plus générale de l'équation (a) est de la forme (B).

Solution de l'équation $\frac{d^2u}{dx^2} + \frac{d^2u}{dy^2} = -\alpha^2 u$.

13. Supposons que la fonction u ne dépende que de x, y et que l'équation à laquelle elle satisfait se réduise à

$$(b) \qquad \frac{d^2u}{dx^2} + \frac{d^2u}{dy^2} = -\alpha^2 u.$$

On peut d'abord vérifier que les expressions

$$M = \int_0^\pi \cos(\alpha r \cos\omega)\, d\omega, \qquad N = \int_0^\pi \cos(\alpha r \cos\omega) \log(r \sin^2\omega)\, d\omega$$

satisfont à cette équation. On pourrait ensuite reprendre successivement sur l'équation (b) des théorèmes tout semblables à ceux que nous avons obtenus pour l'équation à trois coordonnées

$$(c) \qquad \Delta u = -\alpha^2 u.$$

Mais nous nous bornerons à énoncer le théorème le plus important.

Théorème. — *La solution la plus générale de l'équation* (b) *dans l'es-*

pace compris sous une ligne s peut être mise sous la forme

$$\int N\varphi\, ds,$$

en désignant par φ une fonction qui varie le long de la ligne s. La fonction u, en général, peut de plus être déterminée de manière à être une fonction donnée sur le contour; il y a toutefois exception pour des valeurs particulières de α.

Ce théorème a lieu quand même la ligne s qui renferme la surface plane se compose de plusieurs lignes fermées et séparées. Dans le cas où s ne se compose que d'une ligne fermée, la solution précédente peut se mettre sous la forme

$$\int M\varphi\, ds.$$

De même, si la surface σ se réduit à une seule surface fermée, la solution de l'équation (c) peut se mettre sous la forme

$$\int \frac{\sin \alpha r}{r}\varphi\, d\sigma.$$

Nous ne démontrerons pas toutefois ici ces deux théorèmes.

14. Pour mieux fixer les idées, considérons le cas le plus simple où la courbe s est un cercle dont nous désignerons le rayon par R_1 et adoptons des coordonnées polaires, R et θ, dont l'origine est au centre. La fonction u de R et θ qui satisfait à l'équation (b) est périodique par rapport à θ, et la période est 2π. Donc, d'après un théorème bien connu, u est développable dans une série de cette forme

$$\begin{aligned} &C_0 + C_1\cos\theta + C_2\cos 2\theta + \ldots + C_n\cos n\theta + \ldots \\ &\quad + D_1\sin\theta + D_2\sin 2\theta + \ldots + D_n\sin n\theta + \ldots, \end{aligned}$$

où C_n, D_n sont indépendants de θ, mais sont fonctions de R; en substituant cette série dans la transformée de l'équation (b)

$$\frac{d^2u}{dR^2} + \frac{1}{R}\frac{du}{dR} + \frac{1}{R^2}\frac{d^2u}{d\theta^2} = -\alpha^2 u,$$

on trouve que C_n, D_n satisfont à l'équation

$$R^2\frac{d^2Q_n}{dR^2}+R\frac{dQ_n}{dR}+(\alpha^2R^2-n^2)Q_n=0,$$

et, comme Q_n doit rester fini pour $R=0$, il a pour valeur

$$Q_n(R,\alpha)=R^n\left[1-\frac{\alpha^2R^2}{2^2(n+1)}+\frac{\alpha^4R^4}{2^4.1.2(n+1)(n+2)}\right.$$
$$\left.-\frac{\alpha^6R^6}{2^6.1.2.3(n+1)(n+2)(n+3)}+\ldots\right],$$

à un coefficient près. Ainsi, en désignant par A_n, B_n des coefficients arbitraires, on a

$$u=A_0Q_0(R,\alpha)+\ldots+(A_n\cos n\theta+B_n\sin n\theta)Q_n(R,\alpha)+\ldots.$$

On pourra déterminer tous les coefficients et d'une seule manière, de sorte que u soit égal sur le contour à une fonction périodique donnée $f(\theta)$, et l'on aura

$$A_n=\frac{1}{\pi Q_n(R_1,\alpha)}\int_0^{2\pi}f(\theta)\cos n\theta\,d\theta,\quad B_n=\frac{1}{\pi Q_n(R_1,\alpha)}\int_0^{2\pi}f(\theta)\sin n\theta\,d\theta.$$

Il y aurait néanmoins exception dans le cas où α serait racine d'une des équations

$$(d)\qquad Q_0(R_1,\alpha)=0,\quad\ldots,\quad Q_n(R_1,\alpha)=0,\quad\ldots;$$

car deux des coefficients deviendraient infinis. Dans le cas plus particulier où l'équation $Q_n(R_1,\alpha)=0$ serait satisfaite et où les deux intégrales qui entrent dans A_n et B_n seraient nulles, alors A_n, B_n pourraient être quelconques.

Si l'on veut que la fonction u soit nulle sur toute la circonférence du cercle, tous les coefficients seront nuls en général; mais il y aura exception si α est racine d'une des équations (d); si celle de rang $n+1$ est satisfaite, on aura la solution

$$u=(A_n\cos n\theta+B_n\sin n\theta)Q_n(R,\alpha).$$

15. Cet exemple aide à mieux faire comprendre le théorème suivant, qui résulte du nº 13 :

On peut, en général, déterminer une fonction et une seule qui satisfasse à l'équation

$$\frac{d^2 v}{dx^2} + \frac{d^2 v}{dy^2} = - \varkappa^2 v$$

dans l'intérieur d'un contour s, qui y soit finie et continue, ainsi que ses dérivées du premier ordre, et qui ait en chaque point de ce contour une valeur variable et donnée arbitrairement. Il y a toutefois exception pour de certaines valeurs de $\varkappa$ *se suivant, les unes les autres, à des intervalles; et, pour ces valeurs de* $\varkappa$, *il existe une fonction* v *différente de zéro et satisfaisant à toutes les conditions précédentes, sauf qu'elle s'annule sur le contour, au lieu d'y être une fonction arbitraire. Cette fonction* v, *substituée dans la formule*

$$(a) \qquad u = (\mathrm{A} \sin \varkappa c t + \mathrm{B} \cos \varkappa c t) v,$$

où A *et* B *sont des constantes arbitraires, fournira une solution de l'équation*

$$(b) \qquad \frac{d^2 u}{dt^2} = c^2 \left(\frac{d^2 u}{dx^2} + \frac{d^2 u}{dy^2} \right),$$

qui doit être satisfaite à l'intérieur de s, et à laquelle on adjoint la condition que v soit nul sur le contour s.

Ce théorème donne la véritable définition de la solution simple de l'équation (b).

L'équation (b) est celle qui régit le déplacement normal de chaque point d'une membrane vibrante; la formule (a) représente donc le mouvement vibratoire simple d'une membrane fixée sur le contour s qui la termine. On sait par l'expérience que les mouvements vibratoires simples ont une tendance à se produire séparément, bien que le mouvement le plus général doive être la somme d'une infinité de ces mouvements. En effet, comme ils donnent des sons incommensurables entre eux, il faut qu'ils se montrent isolément pour pouvoir donner un mouvement périodique.

SECOND POTENTIEL.

16. Nous allons démontrer des théorèmes généraux relatifs à la solution de l'équation

$$\Delta\Delta u = 0$$

ou

$$\frac{d^4 u}{dx^4} + \frac{d^4 u}{dy^4} + \frac{d^4 u}{dz^4} + 2\frac{d^4 u}{dy^2\,dz^2} + 2\frac{d^4 u}{dz^2\,dx^2} + 2\frac{d^4 u}{dx^2\,dy^2} = 0.$$

Cette équation se rencontre dans la théorie de l'élasticité. En effet, quand un corps solide, homogène, et dont l'élasticité est la même dans tous les sens, est en équilibre d'élasticité et se trouve déformé sous l'influence des pressions exercées à sa surface, les projections du déplacement d'un point quelconque de l'intérieur du corps satisfont à cette équation, et les composantes des forces élastiques qui ont lieu à l'intérieur du corps sur des éléments plans parallèles aux plans des coordonnées satisfont à la même équation.

J'ai déjà présenté les théorèmes qui suivent (*Journal de Liouville*, t. XIV, 1869).

Formules relatives à l'expression $\Delta\Delta u$.

17. Supposons un corps dont le volume est ϖ et qui est limité par la surface σ et considérons la formule (Chap. I, n° **10**)

$$(1)\qquad \int v\,\Delta u\,d\varpi - \int u\,\Delta v\,d\varpi = -\int v\frac{du}{dn}\,d\sigma + \int u\frac{dv}{dn}\,d\sigma;$$

si nous y changeons v en $\Delta u'$, nous aurons

$$(2)\qquad \int \Delta u\,\Delta u'\,d\varpi = \int u\,\Delta\Delta u'\,d\varpi - \int \Delta u'\frac{du}{dn}\,d\sigma + \int u\frac{d\Delta u'}{dn}\,d\sigma.$$

Dans la formule (1), u et v sont supposés continus, ainsi que leurs premières dérivées; donc, dans la formule (2), u est assujetti aux mêmes conditions, et $\Delta u'$ et ses premières dérivées seront supposés continus.

Comme le premier membre de l'équation (2) reste invariable par la permutation de u et u', il en doit être de même du second, et l'on en conclut

$$\int u\,\Delta\Delta u'\,d\varpi - \int \Delta u'\frac{du}{dn'}\,d\sigma + \int u\frac{d\Delta u'}{dn'}\,d\sigma$$
$$= \int u'\,\Delta\Delta u\,d\varpi - \int \Delta u\frac{du'}{dn'}\,d\sigma + \int u'\frac{d\Delta u}{dn'}\,d\sigma,$$

ou

$$(3)\quad \left\{\begin{aligned} &\int u\,\Delta\Delta u'\,d\varpi - \int u'\,\Delta\Delta u\,d\varpi \\ &\quad = \int\left(-u\frac{d\Delta u'}{dn'} + u'\frac{d\Delta u}{dn'}\right)d\sigma - \int\left(\Delta u\frac{du'}{dn'} - \Delta u'\frac{du}{dn'}\right)d\sigma; \end{aligned}\right.$$

il est évident que cette équation aura lieu si les fonctions u, u' et leurs dérivées des trois premiers ordres sont continues.

La formule (3) remplit dans la théorie de l'équation $\Delta\Delta u = 0$ un rôle analogue à celui de la formule (1) dans la théorie de l'équation $\Delta u = 0$.

Définition et propriétés du second potentiel.

18. Considérons le potentiel donné par l'intégrale triple

$$V = \int\int\int \frac{\varphi(a, b, c)}{r}\,da\,db\,dc,$$

étendue à un volume ϖ et dans laquelle r désigne la distance du point (x, y, z) au point (a, b, c); on a

$$\Delta V = 0 \quad \text{ou} \quad \Delta V = -4\pi\varphi(x, y, z),$$

suivant que le point (x, y, z) est situé en dehors ou en dedans du volume ϖ.

Remarquons que l'on a

$$\Delta r = \frac{2}{r}, \quad \text{par suite} \quad \Delta\Delta r = 0;$$

puis considérons la fonction

$$w = \int\int\int r\,\varphi(a, b, c)\,da\,db\,dc,$$

nous aurons

$$(a) \qquad \frac{d^2 w}{dx^2} = \int\int\int \varphi(a, b, c)\left[\frac{1}{r} - \frac{(x-a)^2}{r^3}\right] da\, db\, dc$$

et ensuite

$$(b) \qquad \Delta w = 2V.$$

L'équation (a), et par suite l'équation (b), ont lieu quand même le point (x, y, z) est intérieur au volume ϖ; alors, en effet, la fonction soumise au signe d'intégration deviendra infinie au point (x, y, z); mais, cet infini n'étant que de l'ordre $\frac{1}{r}$, si l'on applique cette intégrale au volume d'une sphère infiniment petite dont le centre est en ce point, on n'obtient qu'un résultat infiniment petit.

L'équation (b) ayant lieu dans tous les cas, on obtient, en prenant le Δ des deux membres,

$$\Delta\Delta w = 0,$$

si le point (x, y, z) est extérieur au volume ϖ:

$$\Delta\Delta w = -8\pi\varphi(x, y, z),$$

s'il est intérieur.

J'appellerai w le *second potentiel* de la masse renfermée dans ϖ, et quand je voudrai distinguer V de w, je nommerai V le premier potentiel de la même masse. Si l'on suppose l'unité de masse concentrée au point (x, y, z), les dérivées de w par rapport à x, y, z représenteront la répulsion de la masse du corps sur ce point, en imaginant une action mutuelle entre deux molécules, selon laquelle elles se repousseraient suivant la droite qui les joint et indépendamment de leur distance.

19. Imaginons une couche de matière infiniment mince répandue sur la surface σ; en désignant par ρ la densité de cette couche et par r la distance du point (x, y, z) à $d\sigma$, nous aurons, pour son second potentiel,

$$(c) \qquad w = \int \rho\, r\, d\sigma;$$

w en dedans et en dehors de cette couche satisfera à l'équation $\Delta\Delta w = 0$ et de plus y variera d'une manière continue, ainsi que toutes ses dérivées. Désignons par v et v' le premier potentiel de cette couche suivant que le point (x, y, z) est à l'intérieur ou à l'extérieur, et de même par w et w' l'expression (e) dans ces deux cas; nous aurons

$$\rho = -\frac{1}{4\pi}\left(\frac{dv}{dn'}+\frac{dv'}{dn}\right) = -\frac{1}{8\pi}\left(\frac{d\Delta w}{dn'}+\frac{d\Delta w'}{dn}\right),$$

et, lorsque le point traversera la couche, la fonction w et ses dérivées des deux premiers ordres varieront d'une manière continue; mais il n'en sera pas de même, en général, pour les dérivées du troisième ordre.

Sur une solution de l'équation $\Delta\Delta u = 0$.

20. Je dis qu'on peut toujours trouver une fonction u qui satisfait à l'équation

$$(1) \qquad \Delta\Delta u = 0$$

à l'intérieur de la surface σ, qui y varie d'une manière continue avec ses dérivées des trois premiers ordres, et dont la valeur et celle de son Δ sont données à la surface.

On peut satisfaire au problème en posant

$$(2) \qquad u = w + v, \quad v = \int \frac{\rho'}{r}\,d\sigma, \quad w = \int \rho r\,d\sigma,$$

ρ et ρ' étant fonctions des coordonnées de chaque point de la surface σ et r étant la distance du point (x, y, z) à $d\sigma$; v et w sont, par conséquent, les premier et second potentiels de deux couches de matière qui recouvrent cette surface.

La fonction $t = \Delta w$ satisfait, d'après (1), à l'équation

$$\Delta t = 0,$$

et puisque Δu a une valeur donnée φ sur la surface, $t = \Delta w = \Delta u$ a la même valeur sur cette surface; donc, d'après un théorème connu, t

sera complètement déterminé ; on peut de plus le mettre sous la forme

$$t = 2\int \frac{\rho}{r}\,d\tau;$$

si l'on prend

$$w = \int \rho\, r\, d\tau,$$

on aura $\Delta w = t$ et, sur la surface σ, Δw sera égal à φ.

Connaissant w, on aura la valeur de v à la surface en retranchant celle de w de celle qui a été donnée pour u ; par suite, v sera complètement déterminé.

Ainsi le théorème est démontré et, de plus, on voit comment on peut mettre la solution sous la forme (2).

Solution générale de l'équation $\Delta\Delta u = 0$.

21. Considérons une fonction u de x, y, z qui satisfait à l'équation

$$\Delta\Delta u = 0$$

dans l'intérieur de la surface σ et supposons que u et ses dérivées des trois premiers ordres y varient d'une manière continue. Dans l'équation (2) du n° **17**, faisons $u' = u$, et nous aurons

$$\int (\Delta u)^2\, d\varpi = -\int \Delta u \frac{du}{dn'}\, d\sigma + \int u \frac{d\Delta u}{dn'}\, d\sigma.$$

Alors supposons que, sur la surface σ, u satisfasse à l'un des deux systèmes de conditions

1° $$u = 0, \quad \Delta u = 0;$$

2° $$u = 0, \quad \frac{du}{dn'} = 0;$$

l'équation précédente se réduira à

$$\int (\Delta u)^2\, d\varpi = 0.$$

On en conclut que Δu est nul en tous les points intérieurs à σ et, par suite, u est lui-même nul dans la même étendue ; car on sait que lorsqu'une fonction u satisfait à l'équation $\Delta u = 0$ dans l'intérieur de σ et s'annule à cette surface, elle est nulle en tous les points intérieurs (Chap. I, n° 21).

De là il est facile de conclure qu'il ne peut exister qu'une fonction qui satisfasse à l'équation

$$\Delta\Delta u = 0$$

dans l'intérieur de la surface σ, qui y varie d'une manière continue avec ses dérivées des trois premiers ordres, et pour laquelle

$$u,\ \Delta u \quad \text{ou} \quad u,\ \frac{du}{dn'}$$

aient une valeur donnée à la surface.

Supposons en effet qu'une seconde fonction u' puisse satisfaire aux mêmes conditions et posons

$$u - u' = \theta,$$

θ satisfera en tous les points du volume ϖ à l'équation

$$\Delta\Delta\theta = 0$$

et satisfera sur la surface à l'un des deux systèmes de condition

$$\theta = 0, \quad \Delta\theta = 0$$

ou

$$\theta = 0, \quad \frac{d\theta}{dn'} = 0;$$

donc, d'après ce qui a été démontré ci-dessus, θ est nul en tous les points intérieurs et l'on a $u' = u$.

22. Nous avons vu que l'on peut toujours trouver une fonction de la forme

$$u = \int \rho\, r\, d\sigma + \int \frac{\rho'}{r}\, d\sigma,$$

dont la valeur, ainsi que celle de son Δ, sont données sur la surface σ, et de ce qui précède nous concluons les deux théorèmes suivants :

1° *Il existe une fonction, et une seule, qui satisfait à l'équation*

$$\Delta\Delta u = 0$$

dans l'intérieur de la surface σ, qui y varie d'une manière continue avec ses dérivées des trois premiers ordres, et dont la valeur et celle de son Δ sont données à la surface.

2° *Toute fonction u, qui satisfait, à l'intérieur de σ, à l'équation $\Delta\Delta u = 0$ et qui est assujettie aux conditions précédentes de continuité, est la somme du premier potentiel d'une couche qui recouvre la surface σ et du second potentiel d'une autre couche recouvrant la même surface.*

Ce second théorème donne l'intégrale générale de l'équation aux différences partielles, intégrale dans laquelle les densités ρ et ρ' des deux couches sont des fonctions quelconques des coordonnées de la surface σ.

On a un théorème semblable au premier des deux théorèmes précédents et dans lequel on se donne, à la surface, u et $\frac{du}{dn}$, au lieu de u et Δu; j'en ai donné la démonstration dans mon Mémoire; mais je ne la rapporterai pas ici.

Sur l'équation $\Delta\Delta u = 0$ réduite à deux coordonnées.

23. Si l'on suppose que u ne dépend pas de z, l'équation $\Delta\Delta u = 0$ se réduit à

$$\frac{d^4 u}{dx^4} + 2\frac{d^4 u}{dx^2\,dy^2} + \frac{d^4 u}{dy^4} = 0.$$

Posons

$$r^2 = (x-a)^2 + (y-b)^2,$$

et nous aurons

$$\Delta\left(r^2 \log\frac{1}{r} + \frac{r^2}{2}\right) = 4\log\frac{1}{r}, \quad \Delta\Delta\left(r^2\log\frac{1}{r} + \frac{r^2}{2}\right) = 0.$$

Considérons les deux fonctions de x et y

$$V = \int\!\!\int \log\frac{1}{r}\,\varphi(a,b)\,da\,db, \quad w = \int\!\!\int\left(r^2\log\frac{1}{r} + \frac{r^2}{2}\right)\varphi(a,b)\,da\,db$$

et regardons ces intégrales doubles comme étendues à une surface Ω. Désignons de plus V et w sous le nom de *premier* et de *second potentiel*.

On a, comme on a vu (n° 2),

$$\Delta V = 0 \text{ ou } = -2\pi\varphi(x,y),$$

selon que le point (x,y) est extérieur ou intérieur à la surface Ω; on a d'ailleurs

$$\Delta w = 4V,$$

et il en résulte

$$\Delta\Delta w = 0 \text{ ou } = -8\pi\varphi(x,y),$$

suivant les deux cas.

Les définitions précédentes du premier et du second potentiel étant adoptées, il suffit d'appliquer les raisonnements des numéros précédents pour retrouver, sur la solution de l'équation $\Delta\Delta u = 0$ réduite à deux dimensions, des théorèmes semblables à ceux qui ont été trouvés pour trois dimensions. Je me bornerai à énoncer le théorème suivant :

Toute fonction qui satisfait dans l'intérieur de la courbe s à l'équation

$$\frac{d^4 u}{dx^4} + 2\frac{d^4 u}{dx^2\,dy^2} + \frac{d^4 u}{dy^4} = 0$$

et qui y est continue, ainsi que ses dérivées des trois premiers ordres, est la somme du premier potentiel d'une couche qui recouvre la courbe s et du second potentiel d'une autre couche mise sur le même contour.

Ainsi elle est de la forme

$$\int\left(r^2\log\frac{1}{r} + \frac{r^2}{2}\right)\varphi\,ds + \int\log\frac{1}{r}\psi\,ds,$$

φ, ψ étant deux fonctions d'une coordonnée propre à déterminer un point du contour s et r la distance du point (x,y) à l'élément ds.

CHAPITRE IV.

COMPARAISON DE LA THÉORIE DU POTENTIEL AVEC CELLE DE LA CHALEUR.

Le potentiel d'une masse quelconque satisfait, partout en dehors de cette masse, à l'équation

$$(a) \qquad \Delta V = 0.$$

Or concevons un corps isotrope, en sorte que la propagation de la chaleur s'y fasse de la même manière dans tous les sens, et supposons que, sous l'influence de sources constantes de chaleur, il se trouve en équilibre de température; la température V d'un point quelconque (x, y, z) de ce corps satisfera à l'équation (a); elle doit être, comme le potentiel, une fonction continue des coordonnées de ce point, et ses dérivées premières sont aussi continues; car, si l'on désigne par q le coefficient de conductibilité, les flux de chaleur, estimés par unité de surface,

$$-q\frac{dV}{dx}, \quad -q\frac{dV}{dy}, \quad -q\frac{dV}{dz},$$

qui traversent un élément plan perpendiculaire aux axes des x, des y ou des z, doivent être des fonctions continues. On voit donc immédiatement qu'il existe une très grande analogie entre le potentiel et la température d'équilibre d'un corps; mais nous démontrerons, de plus, qu'il y a identité complète entre ces deux fonctions, en sorte que tout problème sur le potentiel peut être remplacé par un autre relatif à un équilibre de température.

Démonstration de la formule $\Delta V = -4\pi\rho$.

1. Il est bon de remarquer que l'équation

$$\Delta V = -4\pi\rho,$$

où V est le potentiel d'une masse dont la densité est ρ au point (x, y, z), peut être démontrée comme celle qui donne le mouvement de la chaleur dans un corps; cette démonstration a été donnée par Riemann.

Considérons un parallélépipède rectangle infiniment petit situé dans la masse et dont les côtés parallèles aux axes des x, y et z sont désignés par dx, dy, dz, et appliquons-y la formule de Gauss

$$(b) \qquad \int \frac{dV}{dn}\, d\sigma = -4\pi M$$

(Chap. I, n° 14) (¹); l'intégrale s'étend à toute la surface du parallélépipède et M est la masse supposée continue qui y est renfermée.

L'élément dn de normale étant mené extérieurement, la partie de cette intégrale qui se rapporte à la face $dy\,dz$ située à l'abscisse x aura pour valeur

$$(c) \qquad -\frac{dV}{dx}\, dy\, dz;$$

la partie de la même intégrale pour la face parallèle dont l'abscisse est $x + dx$ sera

$$(d) \qquad \left(\frac{dV}{dx} + \frac{d^2V}{dx^2}\, dx\right) dy\, dz;$$

et nous aurons l'expression

$$\frac{d^2V}{dx^2}\, dx\, dy\, dz$$

pour les deux faces. On a donc, pour le premier membre de l'équation (b),

$$\left(\frac{d^2V}{dx^2} + \frac{d^2V}{dy^2} + \frac{d^2V}{dz^2}\right) dx\, dy\, dz;$$

(¹) Il faut alors adopter, non la démonstration du n° 12, mais celle du n° 14; car la première suppose le théorème à prouver.

on a d'ailleurs, pour le second membre de l'équation (b),

$$-4\pi\rho\,dx\,dy\,dz.$$

On obtient donc enfin

$$(e)\qquad \Delta V = -4\pi\rho$$

et, si le point (x, y, z) est pris en dehors de la masse,

$$(f)\qquad \Delta V = 0.$$

Si V avait désigné la température d'un corps, il serait entré dans le parallélépipède un flux de chaleur représenté par l'expression (c) multipliée par q et il en serait sorti un flux représenté par l'expression (d) changée de signe et multipliée par le même coefficient, et, dans le cas de l'équilibre de température, en exprimant que la chaleur totale entrée dans l'élément est nulle, on obtient l'équation (f). On aurait l'équation (e) si l'on imaginait que le corps fût le siège d'une source de chaleur qui produisît par unité de volume et dans l'unité de temps une quantité de chaleur égale à $-4\pi q\rho$.

Si V désigne un potentiel, on peut regarder l'expression (c) comme une quantité de force qui traverse la première face $dy\,dz$ et la désigner sous le nom de *flux de force*.

2. On démontre aussi le théorème de Coulomb (Chap. II, n° 9) au moyen de l'équation (b). Supposons une couche infiniment mince distribuée sur une surface et dont le potentiel ait une valeur constante en chaque point de cette surface. Soit $d\sigma$ un élément de cette surface, et construisons un canal qui ait pour section $d\sigma$ et dont la surface soit formée par des lignes de force (Chap. I, n° 2); menons deux sections droites $d\sigma_1$, $d\sigma_2$, l'une extérieure à σ, l'autre intérieure. La valeur de $\frac{dV}{dn}$ est nulle le long des faces du canal et à l'intérieur de σ, et il reste

$$\left(\frac{dV}{dn}\right)_1 d\sigma_1 = -4\pi\rho\,d\sigma,$$

$\rho\,d\sigma$ étant la masse qui couvre $d\sigma$, et en supposant $d\sigma_1$ infiniment voisin de $d\sigma$, on obtient

$$\rho = -\frac{1}{4\pi}\frac{dV}{dn}.$$

Identité du potentiel et de la température d'équilibre.

3. Beaucoup de théorèmes sur le potentiel deviennent à peu près évidents, quand on leur substitue ceux qui y correspondent dans l'équilibre de température.

Ainsi, par exemple, supposons un corps dont tous les points de la surface sont maintenus à des températures fixes et données, ce corps tendra vers un équilibre de température qui est parfaitement déterminé. Cette proposition revient évidemment au principe de Dirichlet démontré au Chap. I, n° 16.

En second lieu, supposons que la température soit maintenue la même en tous les points de la surface d'un corps, la température d'équilibre aura la même valeur en tous les points intérieurs. Cette proposition revient à celle-ci : *Si des masses sont situées à l'extérieur d'une surface et que leur potentiel soit constant sur cette surface, leur potentiel aura la même valeur en tous les points intérieurs.*

Les couches de matière qui recouvrent des surfaces et dont on prend le potentiel correspondent, dans la théorie de l'équilibre de température, à des sources de chaleur mises au contact de ces surfaces.

4. Si V représente la température d'équilibre d'un corps isotrope, V n'est défini qu'à l'intérieur de la surface σ qui limite ce corps; mais, comme nous pouvons alors définir arbitrairement la fonction V en dehors de cet espace, imaginons que le corps T renfermé sous σ soit prolongé en tous sens jusqu'à l'infini, en supposant toutefois que le corps T soit séparé du corps extérieur T' par une couche infiniment mince qui est le siège d'une source de chaleur. Appelons aussi V la température d'équilibre de T'.

L'intensité de la source est fixe, mais varie d'un point à un autre de la surface; la température sera d'ailleurs la même à la limite de l'espace T et à la limite de l'espace indéfini T'; enfin on suppose de plus que la température soit maintenue à zéro à une distance infinie.

D'après ce que nous avons vu (Chap. II, n° 15), la fonction V à l'intérieur et à l'extérieur de σ est identique au potentiel d'une couche de matière distribuée sur σ, et l'on a

$$V = -\frac{1}{4\pi}\int\left(\frac{dV}{dn}+\frac{dV}{dn'}\right)\frac{1}{r}\,d\sigma,$$

r étant la distance du point (x, y, z) à l'élément $d\sigma$.

Sur un élément $d\sigma$ de la surface, établissons la continuité de la matière entre T et T'; alors les flux de chaleur normaux à cet élément seront les mêmes dans T et T'; nous pouvons donc écrire pour cet élément

$$-q\frac{dV}{dn'} = U, \quad q\frac{dV}{dn} = U;$$

ces flux proviennent de la source de chaleur entretenue à la surface σ, diminuée de la portion infiniment petite qui recouvre l'élément $d\sigma$. Or, de plus, la partie de la source de chaleur située sur $d\sigma$ envoie deux flux normaux de même intensité $a\,d\sigma$, mais de sens contraire, l'un à l'intérieur de σ, l'autre à l'extérieur. On a donc

$$-q\frac{dV}{dn'} = U + a, \quad q\frac{dV}{dn} = U - a,$$

et il en résulte la formule

$$\frac{dV}{dn'}+\frac{dV}{dn} = -\frac{2a}{q},$$

dans laquelle $2a$ est la quantité de chaleur fournie sur $d\sigma$ par la source dans l'unité de temps et par unité de surface. En introduisant cette quantité dans l'expression de V, nous aurons

$$V = \frac{1}{2\pi q}\int\frac{a}{r}\,d\sigma.$$

Surfaces isothermes ou de niveau.

5. Si l'on considère un système de masses dont on prend le potentiel V, les surfaces de niveau sont celles sur lesquelles le potentiel est constant. Concevons, d'autre part, un corps solide indéfini, creusé d'une ou plusieurs cavités renfermant des sources de chaleur qui

restent fixes, la température d'équilibre du corps sera déterminée par ces sources et les surfaces pour lesquelles la température sera la même sont dites isothermes.

Il est évident que les surfaces isothermes sont identiques aux surfaces de niveau.

Nous avons vu que, une masse M étant située à l'intérieur d'une surface σ, son potentiel à l'extérieur est le même que celui d'une couche convenablement distribuée sur cette surface. Mais la densité de cette couche est en général très difficile à déterminer; ce problème deviendra au contraire facile, quand la surface σ sera une surface de niveau de la masse M et que l'on connaîtra l'équation générale de ces surfaces, sous la forme $V = \text{const.}$

En effet, le potentiel de la couche, étant constant sur la surface σ, sera aussi constant dans tous les points intérieurs et son potentiel à l'extérieur, qui est celui de la masse, est par hypothèse une fonction connue; on a donc

$$\rho = -\frac{1}{4\pi}\frac{dV}{dn}.$$

Si dans cette formule nous supposons dV constant, dn sera la distance de la surface σ à la surface de niveau infiniment voisine; donc la densité de la couche ou son épaisseur, si l'on suppose la couche homogène, sera en raison inverse de la distance des deux surfaces. On sait d'ailleurs que la masse de cette couche est égale à M (Chap. II, n° 16).

Cette couche s'appelle *couche de niveau*, et son attraction sur un point de sa surface extérieure est normale à la surface. Remarquons encore que deux couches de niveau auront le même potentiel en un point qui sera extérieur à l'une et à l'autre.

6. Les ellipsoïdes homofocaux donnés par l'équation

$$(1) \qquad \frac{x^2}{\rho^2} + \frac{y^2}{\rho^2 - b^2} + \frac{z^2}{\rho^2 - c^2} = 1,$$

où le paramètre ρ satisfait à l'inégalité

$$\rho > c > b.$$

forment un système de surfaces isothermes (voir mon *Cours de Physique mathématique*, n° 21), ou un système de surfaces de niveau.

On démontre très facilement qu'une couche homogène comprise entre deux ellipsoïdes homothétiques n'exerce aucune action sur un point M renfermé dans sa cavité, en prouvant qu'un cône d'ouverture infiniment petite dont le sommet est en M intercepte dans cette couche deux éléments dont l'attraction sur le sommet est de même grandeur, mais de sens contraire. Donc on aura une série de couches de niveau, en prenant des couches de même masse comprises entre un des ellipsoïdes homofocaux (1) et un ellipsoïde homothétique infiniment voisin; comme nous avons dit, l'action de deux quelconques de ces couches sur un point extérieur sera la même.

Les deux systèmes d'hyperboloïdes à une nappe et à deux nappes

$$(2)\qquad \frac{x^2}{\rho_1^2}+\frac{y^2}{\rho_1^2-b^2}-\frac{z^2}{c^2-\rho_1^2}=1 \quad (b<\rho_1<c),$$

$$(3)\qquad \frac{x^2}{\rho_2^2}-\frac{y^2}{b^2-\rho_2^2}-\frac{z^2}{c^2-\rho_2^2}=1 \quad (\rho_2<b)$$

sont orthogonaux sur les surfaces (1) et orthogonaux entre eux, et donnent par leurs intersections les lignes de force de chacune des couches précédentes.

Chacun des deux systèmes d'hyperboloïdes forme d'ailleurs un système de surfaces de niveau et conduirait à des conclusions semblables à celles que nous avons obtenues pour les ellipsoïdes.

Si nous supposons b et c infiniment petits, les ellipsoïdes homofocaux deviendront des sphères; ρ_1 et ρ_2, qui sont plus petits que c, seront aussi infiniment petits; ainsi les équations (2) et (3) se réduiront à

$$\frac{x^2}{\rho_1^2}+\frac{y^2}{\rho_1^2-b^2}-\frac{z^2}{c^2-\rho_1^2}=0,$$

$$\frac{x^2}{\rho_2^2}-\frac{y^2}{b^2-\rho_2^2}-\frac{z^2}{c^2-\rho_2^2}=0,$$

et représenteront des cônes. En multipliant les dénominateurs par une quantité très grande, on pourra supposer ces dénominateurs finis et b, c resteront constants. Chacun de ces systèmes de cônes donnera des surfaces isothermes.

Cônes isothermes ou de niveau.

7. Supposons un corps indéfini en équilibre de température et dans lequel la température soit la même tout le long des droites issues d'un même point O. Prenons des coordonnées sphériques r, θ, ψ dont le centre soit en O et données par les équations

$$x = r\cos\theta,\quad y = r\sin\theta\cos\psi,\quad z = r\sin\theta\sin\psi.$$

L'équation

$$\Delta V = 0 \tag{1}$$

devient

$$\sin\theta\,\frac{d\left(r^2\dfrac{dV}{dr}\right)}{dr} + \frac{d\left(\sin\theta\dfrac{dV}{d\theta}\right)}{d\theta} + \frac{1}{\sin\theta}\,\frac{d^2V}{d\psi^2} = 0,$$

et, puisque V doit être indépendant de r, elle se réduira à

$$\sin\theta\,\frac{d\left(\sin\theta\dfrac{dV}{d\theta}\right)}{d\theta} + \frac{d^2V}{d\psi^2} = 0.$$

Posons

$$\frac{d\theta}{\sin\theta} = du \quad\text{ou}\quad u = \log\operatorname{tang}\frac{\theta}{2};$$

alors cette équation prendra cette forme très simple

$$\frac{d^2V}{du^2} + \frac{d^2V}{d\psi^2} = 0, \tag{2}$$

équation toute semblable à l'équation

$$\frac{d^2V'}{dx^2} + \frac{d^2V'}{dy^2} = 0, \tag{3}$$

qui est l'équation (1) en coordonnées rectilignes, quand V est indépendant de z. Mais on peut obtenir une analogie encore plus grande. La fonction V de l'équation (2) a, par rapport à ψ, la période 2π; ainsi ψ est un angle qu'il suffit de faire varier de zéro à 2π et u peut varier de

$-\infty$ à $+\infty$, puisque θ doit varier de zéro à π. Aux coordonnées x, y de l'équation (3) substituons des coordonnées polaires, en posant

$$x = R\cos\psi' = ae^{u'}\cos\psi', \quad y = R\sin\psi' = ae^{u'}\sin\psi',$$

l'équation (3) deviendra

$$(4) \qquad \frac{d^2V'}{du'^2} + \frac{d^2V'}{d\psi'^2} = 0;$$

alors ψ' sera un angle qu'il suffit de faire varier de zéro à 2π et u' devra varier de $-\infty$ à $+\infty$. Il y a donc maintenant identité complète entre les fonctions V et V', fournies par les formules (2) et (4).

Supposons donc deux systèmes de courbes isothermes et orthogonaux entre eux

$$\alpha' = \text{const.}, \quad \beta' = \text{const.},$$

α', β' étant les paramètres thermométriques, en sorte que l'équation (3) devienne

$$\frac{d^2V'}{d\alpha'^2} + \frac{d^2V'}{d\beta'^2} = 0 \quad (\textit{Cours de Phys. math.}, \text{n}^\circ\ 26),$$

et supposons que α' et β' soient liés à u' et ψ' par les équations

$$\alpha' = f_1(u', \psi'), \quad \beta' = f_2(u', \psi'):$$

alors posons

$$\alpha = f_1(u, \psi), \quad \beta = f_2(u, \psi):$$

la fonction V satisfera à l'équation

$$\frac{d^2V}{d\alpha^2} + \frac{d^2V}{d\beta^2} = 0;$$

les deux systèmes de cônes de même sommet

$$\alpha = \text{const.}, \quad \beta = \text{const.}$$

seront orthogonaux entre eux et chacun représentera des cônes isothermes.

On peut remarquer que, si un système de cônes est isotherme, un système de cônes orthogonal sur le premier est aussi isotherme.

Concevons un corps homogène compris entre deux cônes d'un même système isotherme et supposons qu'on les entretienne chacun à une même température; alors tous les cônes de ce système, renfermés dans le corps, seront chacun à une même température; cette propriété aura lieu, en supposant les cônes formés de deux nappes; mais il est évident qu'elle a également lieu si on les réduit à une seule nappe.

8. Ces cônes isothermes peuvent être considérés comme des cônes de niveau et, d'après ce qui vient d'être remarqué, on peut les supposer réduits à une seule nappe.

Pour avoir une couche de niveau sur un de ces cônes, on calculera la densité par la formule

$$\rho = -\frac{1}{4\pi}\frac{dV}{dn};$$

dV étant supposé constant, dn est la distance entre un point du cône et le cône de niveau infiniment voisin; le long d'une génératrice rectiligne dn est proportionnel à la distance r au sommet du cône; en désignant donc par b une constante, on a

$$\rho = \frac{b}{r};$$

ρ est donc l'ordonnée d'une branche d'hyperbole équilatère dont les asymptotes sont la génératrice et la normale menée par le sommet à la surface du cône; ρ est donc infini au sommet du cône et cette propriété correspond à ce que l'on appelle en Électrostatique le *pouvoir des pointes*.

Système de lignes isothermes ou de niveau correspondant à deux courbes données ou à une seule.

9. Quand nous considérons des lignes isothermes dans un plan, c'est pour plus de commodité; mais il faut en réalité les regarder comme les sections droites de cylindres isothermes indéfinis.

Prenons un espace plan compris entre deux lignes fermées C et C_1, dont la première renferme la seconde, et supposons que ces courbes ne se coupent ni elles-mêmes ni entre elles.

Concevons qu'on maintienne chacune des deux lignes à une même température; alors l'espace intermédiaire se mettra dans un équilibre de température et il en résultera dans cet intervalle un système de lignes isothermes parfaitement déterminé.

En second lieu, supposons une courbe fermée C qui ne se coupe pas. Imaginons le long de la courbe C une source de chaleur qui la maintienne à une même température constante. Sous l'influence de cette source, tout le plan peut être en équilibre de température; nous aurons donc à l'extérieur un système E de lignes isothermes dont C fera partie; à l'intérieur de C, la température V sera constante. La fonction V en dehors de C est une fonction finie et continue, ainsi que toutes ses dérivées (Chap. II, n° 14); donc, de sa valeur en un point on peut passer à sa valeur en un point voisin au moyen de la série de Taylor.

Nous pouvons former une courbe intérieure à C et infiniment voisine, en élevant des normales intérieures dn' qui satisfassent à l'équation

$$\frac{dV}{dn}\,dn' = \text{const.},$$

et en joignant les extrémités de ces normales. Cette courbe C′ étant échauffée comme C à une même température produira les mêmes lignes isothermes. On pourra repousser ainsi successivement la source de chaleur à l'intérieur du contour C, en déterminant V d'après la série de Taylor, et l'on obtiendra successivement des courbes C′, C″, ..., dont chacune sera renfermée dans la précédente et qui, entretenue à une même température, donnera pour lignes isothermes les lignes C′, C″, ... qui lui sont extérieures, ainsi que les lignes E.

La limite de ces courbes sera, en général, une ligne L non fermée. Le

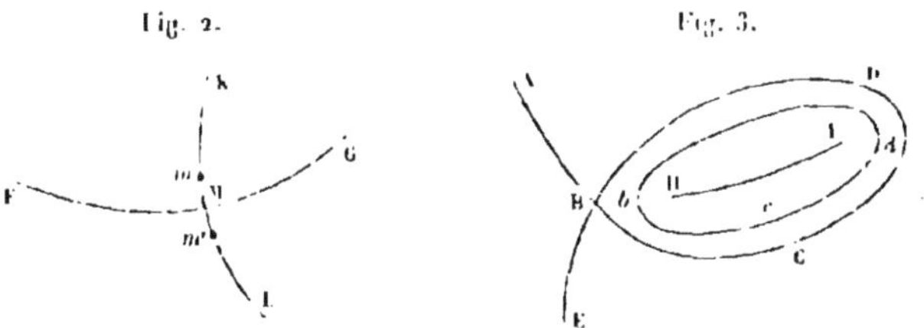

cas le plus simple sera celui où elle se réduira à une ligne FG (*fig.* 2) isotherme ne contenant aucune partie fermée. Si l'on arrive à une ligne non fermée ABCDE (*fig.* 3), mais qui contient une boucle BCD, on pourra appliquer à cette boucle la construction précédente et la remplacer par une courbe intérieure infiniment voisine *bcd*, qui sera à une température plus élevée et dont les différentes parties enverront les mêmes flux de chaleur que les éléments correspondants de BDC; on finira donc, en général, par remplacer BCD par une ligne HI non fermée et qui sera séparée de la partie ABE; mais cette ligne HI sera à une température plus élevée que ABE. Quant à la source située sur ABE, il faut la considérer comme n'ayant pas varié. On aura ainsi pour produire le système de lignes isothermes deux sources situées sur les deux lignes ABE et HI, qui sont isothermes, mais à deux températures distinctes.

En général, les sources qui produisent le système de lignes isothermes, étant réduites à leurs dimensions minima, seront situées sur une ou plusieurs lignes telles que FG sur chacune desquelles la température sera la même. Dans des cas particuliers, ces lignes se réduiront à des points.

Le système des lignes isothermes peut être considéré comme un système de lignes de niveau, et, d'après ce qui précède, les masses qui peuvent les produire étant réduites à leurs dimensions minima seront situées sur une ou plusieurs lignes telles que FG et sur chacune desquelles le potentiel sera constant. En désignant par dn et dn' les éléments de normale de chaque côté de FG, on aura

$$\frac{dV}{dn} = \frac{dV}{dn'},$$

et l'on aura pour la densité de la masse en un point de cette ligne

$$\rho = -\frac{1}{4\pi}\left(\frac{dV}{dn} + \frac{dV}{dn'}\right) = -\frac{1}{2\pi}\frac{dV}{dn}.$$

Nous avons prouvé l'existence d'un et d'un seul système de lignes isothermes déterminé par les deux lignes C et C_1 ou par la seule ligne C. Elles pourront, toutefois, être très difficiles à déterminer. Désignons par β leur paramètre thermométrique; l'équation de ces lignes sera

$$\beta = \text{const.}$$

Menons les trajectoires orthogonales de ces courbes; elles donneront aussi un système de lignes isothermes. Soit α leur paramètre thermométrique. Par la transformation des coordonnées x, y en α, β, on aura

$$\frac{d^2V}{dx^2}+\frac{d^2V}{dy^2}=h^2\left(\frac{d^2V}{d\alpha^2}+\frac{d^2V}{d\beta^2}\right),$$

en posant

$$h^2=\left(\frac{d\alpha}{dx}\right)^2+\left(\frac{d\alpha}{dy}\right)^2.$$

10. Proposons-nous de déterminer une fonction V qui satisfasse à l'équation

$$(1)\qquad \frac{d^2V}{dx^2}+\frac{d^2V}{dy^2}=0,$$

ou dans l'intervalle de C et C_1, ou dans l'intérieur de C, qui soit finie et continue ainsi que ses dérivées du premier ordre, et qui ait des valeurs données sur C et C_1 dans le premier cas, sur la courbe C seulement dans le second cas.

Nous commencerons par mettre l'équation (1) sous la forme

$$(2)\qquad \frac{d^2V}{d\alpha^2}+\frac{d^2V}{d\beta^2}=0.$$

Supposons d'abord le premier cas, et soient

$$\beta=\beta_1,\quad \beta=\beta_2$$

les équations de C et C_1, β_1 et β_2 étant deux constantes. Faisons décrire à un point une courbe β; quand le point reviendra au point de départ, V reprendra la même valeur et α se sera augmenté d'une quantité ω; donc V possède par rapport à α la période ω. En multipliant α et β par un nombre convenable, on pourra rendre cette période égale à 2π et l'équation (2) ne changera pas de forme.

On satisfera à l'équation (2) et à la condition de périodicité en posant

$$(3)\qquad v=(Ae^{n\beta}+Be^{-n\beta})(G\cos n\alpha+H\sin n\alpha),$$

n étant entier et A, B, G, H des constantes arbitraires. La fonction V cherchée sera la somme d'un nombre infini de solutions telles que v

13

et dont on déterminera facilement les coefficients d'après les conditions des contours (*voir mon Cours de Physique mathématique*, n° 32).

Supposons ensuite que l'on n'ait plus qu'un contour C qui sera donné par une équation de la forme $\beta = \beta_1$; mais nous nous bornerons au cas où les lignes isothermes ont une limite représentée par une seule ligne FG (*fig.* 2), et dont on pourra désigner l'équation par $\beta = \beta_2$. La fonction V sera de même périodique par rapport à α et pourra être supposée avoir la période 2π. On aura encore une solution particulière en prenant la formule (3). Mais soit M un point de FG et soit KL la ligne $\alpha =$ const. qui y passe; α doit être supposé néanmoins avoir deux valeurs différentes de part et d'autre de cette ligne. Sur la ligne KL, prenons deux points m et m' infiniment voisins de M et de chaque côté de FG. Il faudra exprimer que, en m et m', l'expression (3) prend des valeurs infiniment peu différentes et que sa dérivée $\frac{dv}{d\beta}$ y prend des valeurs égales et de signe contraire, à un infiniment petit près. En effet, en posant

$$h = \sqrt{\left(\frac{d\alpha}{dx}\right)^2 + \left(\frac{d\alpha}{dy}\right)^2},$$

on a

$$h\frac{dv}{d\beta} = \frac{dv}{dn},$$

dn étant l'élément de normale à la ligne FG et, selon que cet élément dn sera pris d'un côté ou de l'autre de cette ligne, $\frac{dv}{dn}$ doit avoir des valeurs égales et de signe contraire, si l'on veut que $\frac{dv}{dx}$, $\frac{dv}{dy}$ soient des fonctions continues de x et y. Donc aussi $\frac{dv}{d\beta}$ a aux deux points m et m' des valeurs égales et de signe contraire. Ces conditions diminuent le nombre des coefficients arbitraires de la formule (3). La fonction V cherchée sera ensuite la somme d'une infinité de ces solutions particulières et les coefficients de la série se calculeront d'après la condition au contour.

Lignes nodales d'une membrane.

11. Nous avons vu (Chapitre III, n° 15) que le déplacement vibratoire u d'une membrane, dans un mouvement simple, est donné par la formule

$$u = (A \sin act + B \cos act) v,$$

v étant une fonction qui a été définie dans cet endroit et qui satisfait dans l'intérieur d'un contour s à l'équation

$$\frac{d^2 v}{dx^2} + \frac{d^2 v}{dy^2} = -a^2 v, \tag{1}$$

et sur ce contour à la condition $v = 0$. Nous avons vu aussi que la fonction v peut se mettre sous la forme

$$v = \int N \rho \, ds \quad \text{avec} \quad N = \int_0^{\pi} \cos(ar \cos\omega) \log(r \sin^2\omega) \, d\omega,$$

ρ étant une fonction d'une coordonnée propre à déterminer un point du contour s.

Comme dans les numéros précédents, supposons que le contour s soit formé de deux lignes fermées qui ne se coupent pas elles-mêmes ni entre elles et dont l'une renferme l'autre, ou que ce contour s ne se compose que d'une ligne fermée qui ne se coupe pas. Concevons le système de lignes isothermes que nous avons considéré dans ces deux cas; mais, dans le second cas, bornons-nous encore à examiner l'hypothèse où la limite des lignes isothermes se réduit à une seule ligne non fermée et qui ne renferme aucune partie fermée.

12. Adoptons encore les coordonnées α, β, et l'équation (1) deviendra

$$\frac{d^2 v}{d\alpha^2} + \frac{d^2 v}{d\beta^2} = -\frac{a^2}{h^2} v, \tag{2}$$

en posant

$$h^2 = \left(\frac{d\alpha}{dx}\right)^2 + \left(\frac{d\alpha}{dy}\right)^2.$$

Dans le cas où la membrane est comprise dans une seule ligne fermée, nous nommerons bord intérieur la ligne limite des lignes isothermes et nous représenterons dans les deux cas le bord intérieur par $\beta = b$, et le bord extérieur par $\beta = B$. Dans le premier cas, v sera nul pour $\beta = b$; dans le second cas, v doit prendre des deux côtés du bord intérieur des valeurs égales, et $\frac{dv}{d\beta}$ des valeurs égales et de signe contraire.

v doit être une fonction périodique de α, et nous pouvons supposer que cette période soit égale à 2π; désignons par g le nombre entier de fois que v s'annule entre $\alpha = 0$ et $\alpha = 2\pi$ auprès du contour $\beta = b$, c'est-à-dire le nombre de lignes nodales qui le rencontrent

Supposons que l'on puisse déterminer une fonction v qui satisfasse aux conditions précédentes du contour intérieur et que nous représenterons par $v(\alpha, \beta, g, a)$, et admettons qu'on puisse ensuite choisir a de manière que v s'annule pour $\beta = B$.

(Si je ne puis démontrer que cette propriété est générale, elle est certainement exacte dans différents cas; par exemple, quand la membrane est terminée par une ellipse ou par deux ellipses homofocales, ou encore quand elle est comprise entre deux cercles excentriques.)

Supposons donc qu'on détermine a par l'équation

$$v(\alpha, B, g, a) = 0, \tag{3}$$

et soient

$$a_1,\ a_2,\ \ldots,\ a_p,\ \ldots \tag{4}$$

les racines en nombre infini de cette équation; elles ne dépendent pas de α; mais elles varient avec B, et l'on peut poser pour la racine a_p

$$a_p = f(B); \tag{5}$$

il résulte aussi de là que la fonction $v(\alpha, \beta, g, a)$ renferme un facteur de la forme $\varphi(a, \beta)$ et que l'équation $\varphi(a, B) = 0$ possède toutes les racines (4).

Tous les raisonnements de mon *Cours de Physique mathématique* (nos 70, 71, 72), relatifs aux lignes nodales d'une membrane elliptique, sont applicables à la membrane actuelle. Ainsi on a ces théorèmes :

Théorème I. — *Considérons une racine a_p de la série* (4). *Faisons* *croître B à partir de b, la racine a_p qui sera d'abord infinie ira constamment en décroissant.*

THÉORÈME II. — *Les quantités* (4) *dépendent de* B; *si elles sont rangées par ordre de grandeur croissante pour une valeur de* B, *elles le seront aussi pour toute autre valeur de* B.

Adoptons, par exemple, la racine a_p. L'équation (5) équivaut à

$$v(\alpha, \mathrm{B}, g, a_p) = 0.$$

Réciproquement, à la valeur de a_p correspondent différentes valeurs de B indépendantes de α, qui satisfont à cette dernière équation; ainsi $v(\alpha, \beta, g, a_p)$ s'annulera pour

$$(6) \qquad \beta = \mathrm{B}_1, \quad \beta = \mathrm{B}_2, \quad \beta = \mathrm{B}_3, \quad \ldots$$

et ces solutions donneront des lignes nodales. Enfin, d'après un raisonnement fait au lieu cité (n° **72**), on prouvera qu'il y a dans l'intérieur du contour $p - 1$ de ces lignes nodales. Nous arrivons donc à ce résultat remarquable qu'*un système de lignes nodales coïncide avec des lignes isothermes fournies par la formule* $\beta =$ const.

13. Il existe aussi un autre système de lignes nodales, qui coupera normalement le premier. Je dis d'abord qu'une ligne nodale ne pourra rencontrer le contour $\beta = \mathrm{B}$ qu'à angle droit. En effet, d'après ce qui a été dit ci-dessus, on peut poser

$$(7) \qquad v(\alpha, \beta, a) = \psi(\alpha, \beta)\,\varphi(a, \beta);$$

si la ligne nodale rencontre ce contour pour $\alpha = \alpha_1$, on aura $\psi(\alpha_1, \mathrm{B}) = 0$; d'ailleurs on a $\varphi(a, \mathrm{B}) = 0$. Différentions l'équation (7) par rapport à β, et nous aurons

$$\frac{dv}{d\beta} = \psi\frac{d\varphi}{d\beta} + \varphi\frac{d\psi}{d\beta},$$

dont les deux termes sont nuls au point (α_1, B); ainsi $\frac{dv}{d\beta}$, par suite $\frac{dv}{dn}$, est nul en ce point; d'ailleurs $\frac{dv}{d\alpha}$ n'est pas nul; donc la ligne nodale est normale sur le contour. Ensuite concevons la membrane comme terminée extérieurement par une des lignes nodales (6) $\beta = B_i$; les remarques qui précèdent sont applicables à la membrane ainsi limitée. Donc la ligne $\beta = B_i$ est rencontrée normalement par les lignes nodales de l'autre système.

D'après une formule analogue à la formule (7) du n° 10 du Chapitre III, nous avons, puisque v est nul sur s,

$$2\pi v = \int N \frac{dv}{dn} ds,$$

en réduisant s au contour extérieur dans le second cas. Donc la densité de la couche, qui produit le potentiel v et qui est distribuée sur s, a pour valeur

$$\rho = \frac{1}{2\pi} \frac{dv}{dn},$$

et elle est nulle dans les points où passent des lignes nodales.

Système de surfaces isothermes ou de niveau, correspondant à deux surfaces données ou à une seule surface.

14. Supposons d'abord deux cônes de même sommet dont l'un renferme l'autre ou un cône seulement. A ces deux cônes ou à ce cône correspondent deux courbes planes ou une seule, d'après le calcul du n° 7, et, après avoir déterminé le système de lignes isothermes relatif à ces dernières, on en pourra conclure un système de cônes correspondant. On pourra donc étendre à ces cônes les considérations des n°s 9 et 10.

Supposons deux surfaces fermées σ et σ_1, dont la première renferme la seconde, qui ne se coupent pas elles-mêmes ni mutuellement. Ces deux surfaces appartiennent évidemment à un système de surfaces isothermes.

D'après le raisonnement du n° 9, nous voyons encore que, à une surface fermée σ qui ne se coupe pas, correspondra aussi un système de surfaces isothermes qui pourront être considérées comme provenant de sources intérieures distribuées sur des surfaces σ_1, σ_2, ..., qui ne renferment aucune partie fermée et qui seront chacune isothermes. Le cas le plus simple sera celui où les surfaces σ_1, σ_2, ... se réduiront à une seule.

En d'autres termes, une surface fermée σ qui ne se coupe pas appartient à un système de surfaces de niveau produit par des masses étendues dans les surfaces σ_1, σ_2, ..., sur chacune desquelles le potentiel est constant.

De ce qui précède on doit reconnaître l'utilité d'un système de coordonnées formé par une famille de surfaces de niveau et les lignes de force qui leur sont orthogonales, et il y a lieu de rechercher l'expression de ΔV dans ce système de coordonnées.

Si, sur une des surfaces de niveau σ, on trace ses deux systèmes de ligne de courbure et que, le long de chacune de ces lignes, on mène les lignes de force qui y passent, on obtiendra deux systèmes de surfaces qui seront orthogonales sur les surfaces de niveau, mais qui, en général, cesseront d'être orthogonales entre elles quand on s'éloignera de la surface σ. On ne peut donc pas, si l'on emploie les lignes de force, déterminer ΔV par la formule de Lamé, qui dépend d'un triple système de surfaces orthogonales.

Digression sur la différentiation par rapport à des arcs.

15. Nous allons nous occuper de la dérivation d'une fonction des coordonnées x, y, z d'un point par rapport à des arcs; mais, pour que les idées se présentent de la manière la plus simple et la plus naturelle, supposons d'abord que les arcs soient tracés sur un même plan.

Nous avons donc une fonction u des coordonnées rectangulaires x, y d'un point M, dont la valeur nous est connue dans un certain espace pour les diverses positions de ce point. Si le point M, étant mis sur une ligne s, décrit un arc infiniment petit ds de cette ligne, la fonction u reçoit un accroissement infiniment petit que nous représenterons par

$$\frac{du}{ds}\,ds;$$

désignons par dn un élément de normale mené à la courbe s; si le point M décrit dn, la fonction u s'accroît d'une quantité que nous représenterons par

$$\frac{du}{dn}dn;$$

$\frac{du}{ds}$, $\frac{du}{dn}$ représentent donc les accroissements infiniment petits de la fonction u divisés par l'arc ds ou dn, qui indique le déplacement infiniment petit du point M. Néanmoins il faudrait bien se garder de considérer s et n comme un véritable système de deux variables indépendantes.

Si la courbe s est fermée, désignons par v l'angle de la normale extérieure avec l'axe des x; supposons que l'origine O des coordonnées rectilignes soit à l'intérieur de la courbe et que l'arc s croisse quand le point M se meut dans l'angle des coordonnées positives de Oy vers Ox. Quand M s'avance de ds sur la ligne s, les coordonnées x et y s'accroissent de

$$ds \sin v, \quad -ds \cos v;$$

on a donc

$$\frac{du}{ds}ds = \frac{du}{dx}ds \sin v - \frac{du}{dy}ds \cos v$$

ou

$$\frac{du}{ds} = \frac{du}{dx}\sin v - \frac{du}{dy}\cos v. \tag{1}$$

On trouve de même

$$\frac{du}{dn} = \frac{du}{dx}\cos v + \frac{du}{dy}\sin v. \tag{2}$$

Quand on n'a à effectuer qu'une seule dérivation, on peut remplacer l'élément dn de ligne droite par un élément de courbe normal à la courbe s.

16. Lorsque le point M se meut sur la courbe s, l'angle v varie d'une manière bien déterminée, et, par conséquent, on peut former les dérivées des seconds membres des formules (1) et (2) par rapport à s. En différentiant la formule (1) par rapport à s, nous obtenons

$$\frac{d\frac{du}{ds}}{ds} = \left(\sin v \frac{d}{dx} - \cos v \frac{d}{dy}\right)\left(\frac{du}{dx}\sin v - \frac{du}{dy}\cos v\right);$$

nous pouvons partager les termes du second membre en deux parties : d'abord ceux qu'on obtient en laissant v constant et qui sont

$$\frac{d^2u}{dx^2}\sin^2 v - 2\frac{d^2u}{dx\,dy}\sin v\cos v + \frac{d^2u}{dy^2}\cos^2 v,$$

et ensuite ceux qui proviennent de ce que v varie et qui ont pour somme

$$\left(\frac{du}{dx}\cos v + \frac{du}{dy}\sin v\right)\frac{dv}{ds} = \frac{du}{dn}\frac{dv}{ds}.$$

On a donc cette formule

$$\frac{d\frac{du}{ds}}{ds} = \frac{d^2u}{dx^2}\sin^2 v - 2\frac{d^2u}{dx\,dy}\sin v\cos v + \frac{d^2u}{dy^2}\cos^2 v + \frac{du}{dn}\frac{dv}{ds},$$

que nous écrirons ainsi

$$(\text{A})\qquad \frac{d^2u}{dx^2}\sin^2 v - 2\frac{d^2u}{dx\,dy}\sin v\cos v + \frac{d^2u}{dy^2}\cos^2 v = \frac{d\frac{du}{ds}}{ds} - \frac{du}{dn}\frac{dv}{ds},$$

et où $\frac{dv}{ds}$ représente la courbure de l'arc s.

En opérant de même sur la formule (2), nous aurons d'abord

$$\frac{d\frac{du}{dn}}{ds} = \left(\sin v\frac{d}{dx} - \cos v\frac{d}{dy}\right)\left(\frac{du}{dx}\cos v + \frac{du}{dy}\sin v\right),$$

et nous en conclurons

$$(\text{B})\qquad \left(\frac{d^2u}{dx^2} - \frac{d^2u}{dy^2}\right)\sin v\cos v - \frac{d^2u}{dx\,dy}(\cos^2 v - \sin^2 v) = \frac{d\frac{du}{dn}}{ds} + \frac{du}{ds}\frac{dv}{ds}.$$

La dérivation des formules (1) et (2) par rapport à n ne peut se faire avant qu'on ait précisé le sens qu'on attachera à cette seconde dérivation. Pour cela, nous supposerons que la ligne s fasse partie d'un système de courbes données par une même équation contenant un paramètre variable ; puis nous mènerons les trajectoires orthogonales de ces courbes ; alors l'arc dn normal à s appartiendra à une de ces trajectoires.

Si nous différentions maintenant la formule (1) par rapport à n, nous obtiendrons, en opérant comme précédemment,

$$(C)\qquad \frac{d\frac{du}{ds}}{dn} = \left(\frac{d^2u}{dx^2} - \frac{d^2u}{dy^2}\right)\sin v\cos v - \frac{d^2u}{dx\,dy}(\cos^2 v - \sin^2 v) - \frac{du}{dn}\frac{dv}{dn}.$$

Cette dérivée seconde dépend de $\frac{dv}{dn}$ ou de la courbure de l'arc dn; si dn est rectiligne, le dernier terme est nul.

Des formules (B) et (C) on conclut

$$\frac{d\frac{du}{dn}}{ds} + \frac{du}{ds}\frac{dv}{ds} = \frac{d\frac{du}{ds}}{dn} + \frac{du}{dn}\frac{dv}{dn},$$

ce qui montre que les signes $\frac{d}{ds}$ et $\frac{d}{dn}$ ne peuvent être intervertis sur la fonction u.

En différentiant (2) par rapport à n, on obtient

$$(D)\qquad \frac{d\frac{du}{dn}}{dn} = \frac{d^2u}{dx^2}\cos^2 v + 2\frac{d^2u}{dx\,dy}\sin v\cos v + \frac{d^2u}{dy^2}\sin^2 v - \frac{du}{ds}\frac{dv}{dn},$$

dont le dernier terme est nul si dn est rectiligne.

17. Considérons ensuite un système de surfaces σ donné par une équation renfermant un paramètre et concevons le système de lignes orthogonal sur ces surfaces. Sur chaque surface σ menons les deux systèmes de lignes de courbure et désignons par s_1, s_2 les lignes de ces deux systèmes et par s les lignes orthogonales sur les surfaces σ.

Par un point M quelconque menons les tangentes MX_1, MY_1, MZ_1 aux trois lignes s, s_1, s_2 qui y passent, et soient (a, b, c), (a_1, b_1, c_1), (a_2, b_2, c_2) les cosinus des angles que font ces tangentes avec les axes des coordonnées. Désignons par u une fonction des coordonnées x, y, z du point variable M; nous aurons les équations

$$(1)\qquad \left\{\begin{aligned} \frac{du}{ds} &= a\frac{du}{dx} + b\frac{du}{dy} + c\frac{du}{dz},\\ \frac{du}{ds_1} &= a_1\frac{du}{dx} + b_1\frac{du}{dy} + c_1\frac{du}{dz},\\ \frac{du}{ds_2} &= a_2\frac{du}{dx} + b_2\frac{du}{dy} + c_2\frac{du}{dz}.\end{aligned}\right.$$

et nous en déduisons

$$(2)\quad \begin{cases} \dfrac{du}{dx} = a\dfrac{du}{ds} + a_1\dfrac{du}{ds_1} + a_2\dfrac{du}{ds_2}, \\ \dfrac{du}{dy} = b\dfrac{du}{ds} + b_1\dfrac{du}{ds_1} + b_2\dfrac{du}{ds_2}, \\ \dfrac{du}{dz} = c\dfrac{du}{ds} + c_1\dfrac{du}{ds_1} + c_2\dfrac{du}{ds_2}. \end{cases}$$

Différentions la première équation (1) par rapport à s; nous obtenons

$$\frac{d\dfrac{du}{ds}}{ds} = \left(a\frac{d}{dx} + b\frac{d}{dy} + c\frac{d}{dz}\right)\left(a\frac{du}{dx} + b\frac{du}{dy} + c\frac{du}{dz}\right);$$

développons le second membre comme si a, b, c étaient constants, ajoutons ensuite les termes qui résultent de ce que a, b, c varient avec s, et nous aurons

$$\begin{aligned} \frac{d\dfrac{du}{ds}}{ds} = {} & a^2\frac{d^2u}{dx^2} + b^2\frac{d^2u}{dy^2} + c^2\frac{d^2u}{dz^2} + 2bc\frac{d^2u}{dy\,dz} \\ & + 2ca\frac{d^2u}{dz\,dx} + 2ab\frac{d^2u}{dx\,dy} + \frac{du}{dx}\frac{da}{ds} + \frac{du}{dy}\frac{db}{ds} + \frac{du}{dz}\frac{dc}{ds}. \end{aligned}$$

Formons les deux équations semblables et ajoutons; nous aurons

$$(3)\quad \begin{cases} \dfrac{d\dfrac{du}{ds}}{ds} + \dfrac{d\dfrac{du}{ds_1}}{ds_1} + \dfrac{d\dfrac{du}{ds_2}}{ds_2} \\ \quad = \dfrac{d^2u}{dx^2} + \dfrac{d^2u}{dy^2} + \dfrac{d^2u}{dz^2} + \dfrac{du}{dx}\left(\dfrac{da}{ds} + \dfrac{da_1}{ds_1} + \dfrac{da_2}{ds_2}\right) \\ \quad + \dfrac{du}{dy}\left(\dfrac{db}{ds} + \dfrac{db_1}{ds_1} + \dfrac{db_2}{ds_2}\right) + \dfrac{du}{dz}\left(\dfrac{dc}{ds} + \dfrac{dc_1}{ds_1} + \dfrac{dc_2}{ds_2}\right). \end{cases}$$

Enfin, remplaçons les dérivées de u par rapport à x, y, z par les dérivées de u par rapport à s, s_1, s_2 au moyen des équations (2). Le coefficient de $\dfrac{du}{ds}$ dans le second membre de l'équation précédente aura pour valeur l'expression

$$(4)\quad \left(a\frac{da}{ds} + b\frac{db}{ds} + c\frac{dc}{ds}\right) + \left(a\frac{da_1}{ds_1} + b\frac{db_1}{ds_1} + c\frac{dc_1}{ds_1}\right) + \left(a\frac{da_2}{ds_2} + b\frac{db_2}{ds_2} + c\frac{dc_2}{ds_2}\right),$$

qui est composée de trois parties formées de trois termes. La première partie est nulle. Pour obtenir la signification de la deuxième partie, faisons venir le point M en M' en le faisant avancer de la longueur ds_1 sur l'arc s_1; soit $M'Y'_1$ la tangente à ds_1 en M'; menons MY' parallèle à

Fig. 4.

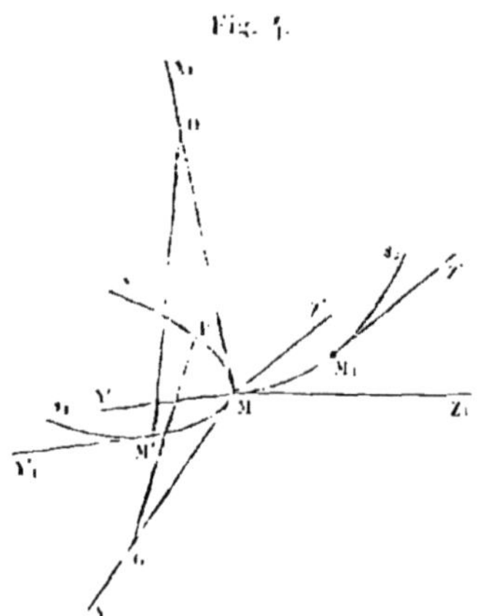

$M'Y'_1$; cette droite peut être regardée comme située dans le plan X_1MY_1 et nous aurons

$$
\begin{aligned}
Y_1MY' = \cos Y'MX_1 &= a\left(a_1 + \frac{da_1}{ds_1}ds_1\right) + b\left(b_1 + \frac{db_1}{ds_1}ds_1\right) + c\left(c_1 + \frac{dc_1}{ds_1}ds_1\right) \\
&= \left(a\frac{da_1}{ds_1} + b\frac{db_1}{ds_1} + c\frac{dc_1}{ds_1}\right)ds_1;
\end{aligned}
$$

désignons par $p_{1,0}$ l'angle Y_1MY'; la seconde partie de la formule (4) aura pour valeur $\frac{p_{1,0}}{ds_1}$. Prenons $MM_1 = ds_2$, menons la tangente $M_1Z'_1$ et par le point M menons la parallèle MZ'; désignons par $p_{2,0}$ l'angle $Z'MZ_1$, la troisième partie de la formule (4) sera égale à $\frac{p_{2,0}}{ds_2}$.

En introduisant quatre autres angles infiniment petits tout semblables, nous mettrons la formule (3) sous la forme suivante

$$
(5)\quad \left\{
\begin{aligned}
\Delta u = {} & \frac{d\frac{du}{ds}}{ds} + \frac{d\frac{du}{ds_1}}{ds_1} + \frac{d\frac{du}{ds_2}}{ds_2} - \left(\frac{p_{1,0}}{ds_1} + \frac{p_{2,0}}{ds_2}\right)\frac{du}{ds} \\
& - \left(\frac{p_{2,1}}{ds_2} + \frac{p_{0,1}}{ds}\right)\frac{du}{ds_1} - \left(\frac{p_{0,2}}{ds} + \frac{p_{1,2}}{ds_1}\right)\frac{du}{ds_2},
\end{aligned}
\right.
$$

où nous aurons

$$\left\{\begin{aligned} \frac{p_{1,0}}{ds_1} &= a\frac{da_1}{ds_1} + b\frac{db_1}{ds_1} + c\frac{dc_1}{ds_1}, \\ \frac{p_{2,1}}{ds_2} &= a_1\frac{da_2}{ds_2} + b_1\frac{db_2}{ds_2} + c_1\frac{dc_2}{ds_2}, \\ \frac{p_{0,2}}{ds} &= a_2\frac{da}{ds} + b_2\frac{db}{ds} + c_2\frac{dc}{ds}; \end{aligned}\right. \qquad \left\{\begin{aligned} \frac{p_{2,0}}{ds_2} &= a\frac{da_2}{ds_2} + b\frac{db_2}{ds_2} + c\frac{dc_2}{ds_2}, \\ \frac{p_{0,1}}{ds} &= a_1\frac{da}{ds} + b_1\frac{db}{ds} + c_1\frac{dc}{ds}, \\ \frac{p_{1,2}}{ds_1} &= a_2\frac{da_1}{ds_1} + b_2\frac{db_1}{ds_1} + c_2\frac{dc_1}{ds_1}. \end{aligned}\right.$$

18. Au point M′ et dans le plan Y_1MX_1 élevons une normale à ds_1 qui rencontre MX_1 en un point O; l'angle MOM′ est égal à $p_{1,0}$. Dans la formule (5), $p_{1,0}$ est positif, quand le point O est situé du côté où l'arc s croît, négatif dans le cas contraire, et l'on aurait à faire de pareilles remarques pour les cinq autres angles semblables.

Comme l'arc s_1 est une ligne de courbure de la surface σ, M′O est normal à cette surface, et l'on voit que $\frac{ds}{p_{1,0}}$ représente le rayon de courbure principal $R_{1,0}$ de σ suivant s_1; de même $\frac{ds_2}{p_{2,0}}$ est le rayon de courbure principal $R_{2,0}$ de σ suivant s_2. Ensuite, le long des arcs s_1 et s_2 qui passent par le point M, menons les lignes orthogonales aux surfaces σ; il en résultera deux surfaces que nous désignerons respectivement par σ_2 et σ_1. La ligne s, qui est l'intersection de ces deux surfaces, n'est pas en général une ligne de courbure pour ces surfaces; de même s_1 et s_2 ne sont pas des lignes de courbure de σ_2 et σ_1. Mais, si nous prenons $PM = ds$ et que nous élevions une normale PG à ds, située dans le plan PMY, l'angle PGM, d'après ce que nous avons dit, est égal à $p_{0,1}$: $\frac{p_{0,1}}{ds}$ sera la courbure de la section normale de la surface σ_1, menée tangentiellement à l'arc s, et nous la représenterons par $\frac{1}{R_{0,1}}$; faisons de même pour les trois autres expressions semblables et nous aurons

$$\begin{aligned} \Delta u = {} & \frac{d\frac{du}{ds}}{ds} + \frac{d\frac{du}{ds_1}}{ds_1} + \frac{d\frac{du}{ds_2}}{ds_2} - \left(\frac{1}{R_{1,0}} + \frac{1}{R_{2,0}}\right)\frac{du}{ds} \\ & - \left(\frac{1}{R_{2,1}} + \frac{1}{R_{0,1}}\right)\frac{du}{ds_1} - \left(\frac{1}{R_{0,2}} + \frac{1}{R_{1,2}}\right)\frac{du}{ds_2}. \end{aligned}$$

es lignes $R_{1,0}$, $R_{2,0}$, ... devront évidemment être prises positives ou négatives dans les mêmes cas que les angles $p_{1,0}$, $p_{2,0}$, ... Remarquons ensuite que le coefficient de $\frac{du}{ds_1}$, changé de signe, représente la somme des courbures de deux sections menées normalement en M à la surface σ_1, et rectangulaires entre elles; il est donc égal à la somme des courbures principales de la surface σ_1; la même remarque s'applique au coefficient de $\frac{du}{ds_2}$.

19. *Seconde démonstration de la formule qui donne Δu.* — Par un autre raisonnement, nous obtiendrons l'expression de Δu sous une autre forme. Désignons par F l'expression de la force produite au point (x, y, z) par un système de masses quelconques dont V est le potentiel, et étendons à un volume ϖ l'intégrale

$$(1) \qquad I = \int F^2 d\varpi.$$

Concevons encore le système des surfaces σ et les lignes qui leur sont orthogonales, et conservons aux lignes s, s_1, s_2 la même signification que précédemment.

La quantité F^2 est donnée par la formule

$$F^2 = \left(\frac{dV}{dx}\right)^2 + \left(\frac{dV}{dy}\right)^2 + \left(\frac{dV}{dz}\right)^2 = \left(\frac{dV}{ds}\right)^2 + \left(\frac{dV}{ds_1}\right)^2 + \left(\frac{dV}{ds_2}\right)^2,$$

en décomposant la force suivant les trois tangentes aux arcs s, s_1, s_2 qui passent par le point (x, y, z). Si nous désignons, pour abréger, par V', V'_1, V'_2 les dérivées de V par rapport à s, s_1, s_2, nous aurons

$$F^2 = V'^2 + V'^2_1 + V'^2_2,$$

et la formule (1) devient

$$I = \int\int\int (V'^2 + V'^2_1 + V'^2_2)\, ds\, ds_1\, ds_2.$$

Concevons qu'on modifie les masses d'une quantité infiniment petite, en sorte que V et F subissent des variations et cherchons la variation qui en résulte pour I. Nous avons d'abord

$$(2) \qquad \frac{1}{2}\delta I = \int\int\int (V'\delta V' + V'_1\delta V'_1 + V'_2\delta V'_2)\, ds\, ds_1\, ds_2;$$

ensuite, comme le produit $ds_1\,ds_2$ représente l'élément de surface $d\sigma$, on a

$$\int V'\delta V'\,ds\,ds_1\,ds_2 = \int V'\,d\sigma\,\frac{d\delta V}{ds}\,ds = V'\delta V\,d\sigma - \int \delta V\,\frac{d(V'\,d\sigma)}{ds}\,ds.$$

Désignons aussi par $d\sigma_1$ la surface du rectangle curviligne construit sur ds et ds_2, et par $d\sigma_2$ celui qui a pour côtés ds et ds_1 ; nous aurons de même

$$\int V'_1\delta V'_1\,ds\,ds_1\,ds_2 = \int V'_1\,d\sigma_1\,\frac{d\delta V}{ds_1}\,ds_1 = V'_1\delta V\,d\sigma_1 - \int \delta V\,\frac{d(V'_1\,d\sigma_1)}{ds_1}\,ds_1,$$

$$\int V'_2\delta V'_2\,ds\,ds_1\,ds_2 = \int V'_2\,d\sigma_2\,\frac{d\delta V}{ds_2}\,ds_2 = V'_2\delta V\,d\sigma_2 - \int \delta V\,\frac{d(V'_2\,d\sigma_2)}{ds_2}\,ds_2.$$

Ainsi l'expression (2) renferme cette intégrale triple

$$-\int\int\int \delta V\left[\frac{d(V'\,d\sigma)}{ds}\,ds + \frac{d(V'_1\,d\sigma_1)}{ds_1}\,ds_1 + \frac{d(V'_2\,d\sigma_2)}{ds_2}\,ds_2\right].$$

Le coefficient de δV doit conserver la même valeur, quel que soit le système des surfaces σ, et si nous adoptons pour ces surfaces des plans parallèles au plan des x, y, nous pourrons prendre pour s, s_1, s_2 des lignes parallèles aux axes des x, y, z; nous avons alors, pour le coefficient de δV,

$$\left(\frac{d^2V}{dx^2} + \frac{d^2V}{dy^2} + \frac{d^2V}{dz^2}\right)dx\,dy\,dz.$$

Nous en concluons cette formule élégante

$$(3)\qquad \Delta V\,d\varpi = \frac{d(V'\,d\sigma)}{ds}\,ds + \frac{d(V'_1\,d\sigma_1)}{ds_1}\,ds_1 + \frac{d(V'_2\,d\sigma_2)}{ds_2}\,ds_2.$$

20. Il est très aisé de retrouver la formule du n° **18**. Considérons le parallélépipède curviligne construit sur les lignes ds, ds_1, ds_2 qui passent par le point M et qui a sa base $d\sigma = ds_1\,ds_2$ comprise entre quatre éléments de lignes de courbure; sa base opposée $d\sigma'$ sera située sur la surface σ infiniment voisine que j'appelle σ'; pour obtenir $d\sigma'$, on mènera les lignes orthogonales s aux extrémités de ds_1, ds_2; elles détermineront sur σ' deux lignes ds'_1, ds'_2 qui se rencontrent au point M', extrémité de ds, et les projections de ds'_1, ds'_2 sur les deux lignes de courbure qui passent par M' sont les deux côtés de $d\sigma'$; mais, en négligeant des infiniment petits d'ordre supérieur, on peut prendre les lignes ds', ds'_1 pour les côtés de $d\sigma'$.

Cela posé, nous avons

$$\frac{d(V'd\sigma)}{ds}ds = \frac{dV'}{ds}d\sigma\,ds + V'\frac{d(d\sigma)}{ds}ds = \frac{d\frac{dV}{ds}}{ds}ds\,d\sigma + \frac{dV}{ds}(d\sigma' - d\sigma).$$

On obtient ensuite facilement

$$d\sigma' = ds_1\,ds_2\left(1 - \frac{ds}{R_{1,0}}\right)\left(1 - \frac{ds}{R_{2,0}}\right)$$

ou

$$d\sigma' - d\sigma = -\left(\frac{1}{R_{1,0}} + \frac{1}{R_{2,0}}\right)d\varpi.$$

Il en résulte

$$\frac{d(V'd\sigma)}{ds}ds = \frac{d\frac{dV}{ds}}{ds}d\varpi - \left(\frac{1}{R_{1,0}} + \frac{1}{R_{2,0}}\right)\frac{dV}{ds}d\varpi.$$

On peut transformer de la même manière les deux autres termes du second membre de (3).

21. Appliquons la formule (3) au cas où les lignes s, s_1, s_2 sont les intersections de trois systèmes de surfaces orthogonales entre elles. Il suffit pour cela de supposer que les surfaces que nous avons désignées par σ_1 et σ_2 sont orthogonales entre elles. Soient

$$f_1(x, y, z) = \rho_1, \quad f_2(x, y, z) = \rho_2, \quad f_3(x, y, z) = \rho_3$$

les équations des surfaces de ces trois systèmes, ρ_1, ρ_2, ρ_3 étant trois paramètres variables.

Posons

$$h = \sqrt{\left(\frac{d\rho}{dx}\right)^2 + \left(\frac{d\rho}{dy}\right)^2 + \left(\frac{d\rho}{dz}\right)^2},$$

$$h_1 = \sqrt{\left(\frac{d\rho_1}{dx}\right)^2 + \left(\frac{d\rho_1}{dy}\right)^2 + \left(\frac{d\rho_1}{dz}\right)^2},$$

$$h_2 = \sqrt{\left(\frac{d\rho_2}{dx}\right)^2 + \left(\frac{d\rho_2}{dy}\right)^2 + \left(\frac{d\rho_2}{dz}\right)^2},$$

et désignons par dx, dy, dz les projections de ds sur les axes de coordonnées; comme ds est normal à la surface σ, nous aurons

$$\frac{dx}{ds} = \frac{1}{h}\frac{d\rho}{dx}, \quad \frac{dy}{ds} = \frac{1}{h}\frac{d\rho}{dy}, \quad \frac{dz}{ds} = \frac{1}{h}\frac{d\rho}{dz};$$

multiplions ces trois équations par dx, dy, dz et ajoutons, nous aurons la première de ces trois équations

$$ds = \frac{d\rho}{h}, \quad ds_1 = \frac{d\rho_1}{h_1}, \quad ds_2 = \frac{d\rho_2}{h_2},$$

et les deux autres s'obtiennent de même. En observant de plus que l'on a

$$d\sigma = ds_1\, ds_2, \quad d\sigma_1 = ds\, ds_2, \quad d\sigma_2 = ds_1\, ds, \quad d\varpi = ds\, ds_1\, ds_2,$$

on trouve la formule de Lamé

$$\Delta V = h h_1 h_2 \left[\frac{d\left(\frac{h}{h_1 h_2}\frac{dV}{d\rho}\right)}{d\rho} + \frac{d\left(\frac{h_1}{h_2 h}\frac{dV}{d\rho_1}\right)}{d\rho_1} + \frac{d\left(\frac{h_2}{h h_1}\frac{dV}{d\rho_2}\right)}{d\rho_2} \right].$$

Si l'on veut exprimer ΔV en coordonnées sphériques, on prendra pour les surfaces σ des sphères concentriques de rayon r, pour les surfaces σ_1 des plans passant par l'axe polaire et faisant l'angle ψ avec un de ces plans, enfin pour les surfaces σ_2 des cônes dont la génératrice fait l'angle θ avec l'axe polaire. Alors on aura

$$ds = dr, \quad ds_1 = r\sin\theta\, d\psi, \quad ds_2 = r\, d\theta,$$

et, en appliquant la formule (3),

$$\Delta V = \frac{d\left(r^2 \frac{dV}{dr}\right)}{dr}\sin\theta + \frac{d\left(\sin\theta \frac{dV}{d\theta}\right)}{d\theta} + \frac{1}{\sin\theta}\frac{d^2V}{d\psi^2}.$$

Expression de ΔV où l'on fait entrer le paramètre d'un système de surfaces de niveau.

22. Considérons un système de surfaces de niveau σ et les lignes de force s correspondantes. Sur ces surfaces traçons les lignes de courbure s_1 et s_2. Les surfaces de niveau peuvent être regardées comme formant un système de surfaces isothermes. Désignons par α leur paramètre thermométrique qui ne varie qu'avec s. Si nous imaginons un équilibre de température où ces surfaces sont chacune à une température constante, la température V ne variera ni avec s_1, ni avec s_2, et l'expression de ΔV donnée au n° 17 deviendra

$$(a) \qquad \frac{d\frac{dV}{ds}}{ds} - \left(\frac{p_{1,0}}{ds_1} + \frac{p_{2,0}}{ds_2}\right)\frac{dV}{ds};$$

mais l'équation $\Delta V = 0$ doit alors se réduire à

$$\frac{d^2V}{d\alpha^2} = 0,$$

puisque V devient de la forme $C\alpha + C'$, C et C' étant des constantes arbitraires; donc l'expression (a) se réduit à $h^2\frac{d^2V}{d\alpha^2}$, en faisant, d'après le numéro précédent,

$$h^2 = \left(\frac{d\alpha}{dx}\right)^2 + \left(\frac{d\alpha}{dy}\right)^2 + \left(\frac{d\alpha}{dz}\right)^2.$$

On aura donc enfin

$$\Delta V = h^2\frac{d^2V}{d\alpha^2} + \frac{d\frac{dV}{ds_1}}{ds_1} + \frac{d\frac{dV}{ds_2}}{ds_2} - \left(\frac{p_{2,1}}{ds_2} + \frac{p_{0,1}}{ds}\right)\frac{dV}{ds_1} - \left(\frac{p_{0,2}}{ds} + \frac{p_{1,2}}{ds_1}\right)\frac{dV}{ds_2}.$$

23. Montrons maintenant comment on pourra calculer cette formule. Les cosinus a, b, c s'obtiennent d'abord d'après les équations

$$a = \frac{1}{h}\frac{d\alpha}{dx}, \quad b = \frac{1}{h}\frac{d\alpha}{dy}, \quad c = \frac{1}{h}\frac{d\alpha}{dz}.$$

Si M et M' sont deux points de la ligne s_1 distants de ds_1, élevons à la surface σ en ces deux points des normales qui se rencontreront en un point O; projetons MO, OM', ds_1 sur l'axe des x; nous aurons

$$-R_{1,0}\frac{da}{ds_1}ds_1 = a_1\,ds_1$$

ou la première des trois équations semblables

$$a_1 = -R_{1,0}\frac{da}{ds_1}, \quad b_1 = -R_{1,0}\frac{db}{ds_1}, \quad c_1 = -R_{1,0}\frac{dc}{ds_1};$$

et nous aurons de même

$$a_2 = -R_{2,0}\frac{da}{ds_2}, \quad b_2 = -R_{2,0}\frac{db}{ds_2}, \quad c_2 = -R_{2,0}\frac{dc}{ds_2}.$$

Il en résulte les formules suivantes :

$$\frac{p_{0,2}}{ds} = -R_{2,0}\left(\frac{da}{ds_2}\frac{da}{ds} + \frac{db}{ds_2}\frac{db}{ds} + \frac{dc}{ds_2}\frac{dc}{ds}\right),$$

$$\frac{p_{0,1}}{ds} = -R_{1,0}\left(\frac{da}{ds_1}\frac{da}{ds} + \frac{db}{ds_1}\frac{db}{ds} + \frac{dc}{ds_1}\frac{dc}{ds}\right),$$

$$\frac{p_{2,1}}{ds_2} = R_{1,0}R_{2,0}\left(\frac{da}{ds_1}\frac{d\frac{da}{ds_2}}{ds_2} + \frac{db}{ds_1}\frac{d\frac{db}{ds_2}}{ds_2} + \frac{dc}{ds_1}\frac{d\frac{dc}{ds_2}}{ds_2}\right),$$

$$\frac{p_{1,2}}{ds_1} = R_{1,0}R_{2,0}\left(\frac{da}{ds_2}\frac{d\frac{da}{ds_1}}{ds_1} + \frac{db}{ds_2}\frac{d\frac{db}{ds_1}}{ds_1} + \frac{dc}{ds_2}\frac{d\frac{dc}{ds_1}}{ds_1}\right).$$

Les arcs s_1 et s_2 ne pouvant être regardés comme deux variables indépendantes, remplaçons-les par deux telles variables. Soient

$$F(x, y, z, \alpha) = 0$$

l'équation de la surface σ et

$$\varphi_1(x, y, \alpha) = \beta, \quad \varphi_2(x, y, \alpha) = \gamma$$

les projections sur le plan des x, y des lignes de courbure s_2 et s_1, β et γ étant deux paramètres variables. D'après ces trois équations, les coordonnées x, y, z d'un point quelconque sont fonctions de β, γ et α. Désignons par dl un élément de courbe tracée sur la surface σ, nous aurons

$$dl^2 = dx^2 + dy^2 + dz^2;$$

différentions x, y, z, en regardant α comme constant, et substituons, nous obtiendrons pour dl^2 une expression de cette forme

$$dl^2 = \frac{1}{H_1^2}d\beta^2 + M\,d\beta\,d\gamma + \frac{1}{H_2^2}d\gamma^2;$$

en faisant successivement $\gamma = 0$, $\beta = 0$, nous aurons

$$ds_1 = \frac{d\beta}{H_1}, \quad ds_2 = \frac{d\gamma}{H_2}, \quad M = 0.$$

D'après cela, nous obtenons, pour les expressions des dérivées par rapport à s_1 et s_2, ces formules

$$\frac{du}{ds_1} = H_1 \frac{du}{d\beta}, \qquad \frac{du}{ds_2} = H_2 \frac{du}{d\gamma},$$

$$\frac{d\frac{du}{ds_1}}{ds_1} = H_1 \frac{d}{d\beta}\left(H_1 \frac{du}{d\beta}\right), \quad \frac{d\frac{du}{ds_2}}{ds_2} = H_2 \frac{d}{d\gamma}\left(H_2 \frac{du}{d\gamma}\right).$$

POTENTIEL DANS LES CORPS CRISTALLISÉS.

Définitions.

24. Si l'on choisit convenablement les axes des coordonnées, la température V satisfait, dans un corps cristallisé, à une équation de la forme

$$A \frac{d^2V}{dx^2} + B \frac{d^2V}{dy^2} + C \frac{d^2V}{dz^2} = k \frac{dV}{dt},$$

donnée pour la première fois par Duhamel (*Journal de l'École Polytechnique*, Cahier XXI, 1832); A, B, C, k étant des constantes positives et t le temps. Ainsi la température d'équilibre satisfait dans ces corps à l'équation

$$(1) \qquad A \frac{d^2V}{dx^2} + B \frac{d^2V}{dy^2} + C \frac{d^2V}{dz^2} = 0.$$

Supposons un élément plan ω dont la normale fait, avec les axes, des angles ξ, η, ζ; nous aurons, pour le flux qui traverse cet élément,

$$U = U_x \cos\xi + U_y \cos\eta + U_z \cos\zeta,$$

U étant ce flux rapporté à l'unité de surface et U_x, U_y, U_z les flux estimés de même qui traversent trois éléments plans perpendiculaires aux axes de coordonnées et passant par un même point de l'élément ω. Pourvu que la propagation de la chaleur dans ce milieu se fasse de la même manière dans deux directions opposées U_x, U_y, U_z seront proportionnels à $A\frac{dV}{dx}$, $B\frac{dV}{dy}$, $C\frac{dV}{dz}$ et, par suite, si l'on a multiplié les coefficients de l'équation (1) par un nombre convenable, on a

$$U_x = A\frac{dV}{dx}, \quad U_y = B\frac{dV}{dy}, \quad U_z = C\frac{dV}{dz}$$

et

$$U = A\frac{dV}{dx}\cos\xi + B\frac{dV}{dy}\cos\eta + C\frac{dV}{dz}\cos\zeta.$$

Posons

$$P = \sqrt{A^2\cos^2\xi + B^2\cos^2\eta + C^2\cos^2\zeta},$$

$$(2) \qquad \cos\alpha = \frac{A\cos\xi}{P}, \quad \cos\beta = \frac{B\cos\eta}{P}, \quad \cos\gamma = \frac{C\cos\zeta}{P};$$

puis, par le centre I de l'élément ω, menons une droite t dans la direction (α, β, γ) et prenons sur cette droite, à partir du point I, une longueur infiniment petite δt; soient V et V' les valeurs de V au point I et à la seconde extrémité de δt; la quantité

$$\frac{dV}{dx}\cos\alpha + \frac{dV}{dy}\cos\beta + \frac{dV}{dz}\cos\gamma$$

est égale à $\frac{V'-V}{\delta t}$; cette expression peut être considérée comme une dérivée que nous représenterons par $\frac{dV}{dt}$, la direction de la ligne t étant parfaitement déterminée par les équations (2); ainsi nous aurons

$$U = P\frac{dV}{dt}.$$

25. La même fonction V qui satisfait à l'équation (1) peut être considérée comme un potentiel pour une certaine attraction. Désignons par (a, b, c) les coordonnées d'un point quelconque d'un volume H; l'expression

$$(3) \qquad V = \int\int\int \frac{\rho(a, b, c)}{r}\, da\, db\, dc.$$

où r a pour valeur

$$r = \sqrt{\frac{(x-a)^2}{A} + \frac{(y-b)^2}{B} + \frac{(z-c)^2}{C}},$$

satisfait à l'équation (1) en tout point (x, y, z) extérieur au volume H. Supposons dans ce volume une masse M dont la densité en chaque point soit $\varphi(a, b, c)$; nous dirons que l'expression (3) est le potentiel de la masse M dans le milieu cristallisé aux coefficients A, B, C. Représentons-nous la force dont les composantes sont

$$-\frac{dV}{dx}, \quad -\frac{dV}{dy}, \quad -\frac{dV}{dz};$$

nous aurons

$$\frac{dV}{dx} = -\int \frac{\varphi(a, b, c)}{r^3} \frac{x-a}{A} \, da \, db \, dc.$$

Ainsi chaque particule de la masse exercerait sur le point (x, y, z), où serait concentrée l'unité de masse positive ou négative, une attraction ou une répulsion représentée par le produit de

$$\frac{1}{r^3}\sqrt{\left(\frac{x-a}{A}\right)^2 + \left(\frac{y-b}{B}\right)^2 + \left(\frac{z-c}{C}\right)^2}$$

par la masse de la particule, et cette action ne serait pas dirigée suivant la droite qui les joint, mais suivant une ligne qui fait avec les axes des angles dont les cosinus sont proportionnels à $\frac{x-a}{A}$, $\frac{y-b}{B}$, $\frac{z-c}{C}$.

Propriétés de la onction qui satisfait à l'équation $\Delta' V = 0$.

26. Posons, pour abréger,

$$A\frac{d^2V}{dx^2} + B\frac{d^2V}{dy^2} + C\frac{d^2V}{dz^2} = \Delta' V,$$

en sorte que l'équation (1) deviendra

$$\Delta' V = 0.$$

Désignons par $d\varpi$ l'élément de volume d'un corps et par $d\sigma$ l'élément de la surface qui le termine. Si v et w sont deux fonctions continues, ainsi que leurs premières dérivées, on obtient ces équations (Chap. I, n° 5)

$$\int v \frac{d^2 w}{dx^2} d\varpi = \int v \frac{dw}{dx} \cos\xi \, d\sigma - \int \frac{dv}{dx} \frac{dw}{dx} d\varpi,$$

$$\int v \frac{d^2 w}{dy^2} d\varpi = \int v \frac{dw}{dy} \cos\eta \, d\sigma - \int \frac{dv}{dy} \frac{dw}{dy} d\varpi,$$

$$\int v \frac{d^2 w}{dz^2} d\varpi = \int v \frac{dw}{dz} \cos\zeta \, d\sigma - \int \frac{dv}{dz} \frac{dw}{dz} d\varpi,$$

ξ, η, ζ étant les angles de la normale à la surface avec les axes de coordonnées. Multiplions ces trois équations par A, B, C et ajoutons, nous aurons

$$\int v \Delta' w \, d\varpi - \int v \left(A \frac{dw}{dx} \cos\xi + B \frac{dw}{dy} \cos\eta + C \frac{dw}{dz} \cos\zeta \right) d\sigma$$
$$= - \int \left(A \frac{dv}{dx} \frac{dw}{dx} + B \frac{dv}{dy} \frac{dw}{dy} + C \frac{dv}{dz} \frac{dw}{dz} \right) d\varpi.$$

et, comme le second membre reste invariable par la permutation de v et w, nous en concluons

$$\int v \Delta' w \, d\varpi - \int v \left(A \frac{dw}{dx} \cos\xi + B \frac{dw}{dy} \cos\eta + C \frac{dw}{dz} \cos\zeta \right) d\sigma$$
$$= \int w \Delta' v \, d\varpi - \int w \left(A \frac{dv}{dx} \cos\xi + B \frac{dv}{dy} \cos\eta + C \frac{dv}{dz} \cos\zeta \right) d\sigma.$$

Par un point de l'élément $d\sigma$, menons une droite t dans la direction (α, β, γ) fournie par les formules (2) du n° 24, et nous aurons

$$A \frac{dw}{dx} \cos\xi + B \frac{dw}{dy} \cos\eta + C \frac{dw}{dz} \cos\zeta = P \frac{dw}{dt};$$

ainsi l'équation précédente devient

$$\int v \Delta' w \, d\varpi - \int w \Delta' v \, d\varpi = \int v P \frac{dw}{dt} d\sigma - \int w P \frac{dv}{dt} d\sigma.$$

Remarquons que $\cos\alpha$, $\cos\beta$, $\cos\gamma$ sont de même signe que $\cos\xi$, $\cos\eta$, $\cos\zeta$; donc la ligne t fait un angle aigu avec la normale extérieure; elle est donc aussi extérieure à la surface. Les dérivées $\frac{dw}{dt}$, $\frac{dv}{dt}$ peuvent être discontinues sur la surface σ; il faut alors les remplacer par des dérivées suivant la droite l' directement opposée et qui sera dirigée vers l'intérieur de σ. On aura ainsi

$$(a) \qquad \int v\Delta' w\, d\varpi - \int w\Delta' v\, d\varpi = -\int v\mathrm{P}\frac{dw}{dl'}d\sigma + \int w\mathrm{P}\frac{dv}{dl'}d\sigma.$$

27. Supposons que la fonction v satisfasse à l'équation $\Delta' v = 0$, qu'elle varie d'une manière continue ainsi que ses premières dérivées en dedans et en dehors de la surface σ, qu'elle prenne à cette surface la même valeur à l'intérieur et à l'extérieur, et enfin que

$$\lim\left(v\sqrt{\frac{x^2}{\mathrm{A}} + \frac{y^2}{\mathrm{B}} + \frac{z^2}{\mathrm{C}}}\right)$$

soit une constante bien déterminée, quand le point (x, y, z) s'éloigne à l'infini; nous allons prouver que la fonction v peut être considérée comme le potentiel d'une couche infiniment mince distribuée sur σ.

Si nous faisons

$$w = \frac{1}{r}, \quad r = \sqrt{\frac{(x_1-\alpha)^2}{\mathrm{A}} + \frac{(y_1-\beta)^2}{\mathrm{B}} + \frac{(z_1-\gamma)^2}{\mathrm{C}}},$$

(x_1, y_1, z_1) étant un point fixe intérieur à la surface σ et (α, β, γ) un point de $d\varpi$, nous aurons

$$\Delta' w = 0,$$

et nous pourrons appliquer l'équation (a) au volume renfermé entre la surface σ et une sphère d'un rayon infiniment petit R dont le centre est au point (x_1, y_1, z_1). L'intégrale

$$\int \frac{1}{r}\left(\mathrm{A}\frac{dv}{dx}\cos\xi + \mathrm{B}\frac{dv}{dy}\cos\eta + \mathrm{C}\frac{dv}{dz}\cos\zeta\right)d\sigma$$

étendue à la sphère est un infiniment petit de l'ordre de R et dont on peut négliger la valeur. Examinons ensuite la valeur de l'intégrale

$$(b) \qquad \int v\left(\mathrm{A}\frac{d\frac{1}{r}}{dx}\cos\xi + \mathrm{B}\frac{d\frac{1}{r}}{dy}\cos\eta + \mathrm{C}\frac{d\frac{1}{r}}{dz}\cos\zeta\right)d\sigma$$

étendue à la même sphère.

Mettons l'origine des coordonnées au point (x_1, y_1, z_1); nous aurons

$$r^2 = \frac{x^2}{A} + \frac{y^2}{B} + \frac{z^2}{C},$$

$$\cos\xi = -\frac{x}{R}, \quad \cos\eta = -\frac{y}{R}, \quad \cos\zeta = -\frac{z}{R};$$

désignons aussi par ψ la longitude d'un point (x, y, z) de la surface sphérique et par θ le complément de sa latitude; nous aurons

$$d\sigma = R^2 \sin\theta \, d\theta \, d\psi,$$

et l'intégrale (b) a pour valeur le produit de la valeur de c au point (x_1, y_1, z_1) par l'intégrale

$$\int_0^{2\pi}\int_0^{\pi} \frac{R^3}{r^3} \sin\theta \, d\psi \, d\theta;$$

si l'on fait

$$x = R\sin\theta\cos\psi, \quad y = R\sin\theta\sin\psi, \quad z = R\cos\theta,$$

elle prend cette forme

$$\int_0^{\pi}\int_0^{2\pi} \frac{\sin\theta \, d\theta \, d\psi}{\left(\frac{\sin^2\theta\cos^2\psi}{A} + \frac{\sin^2\theta\sin^2\psi}{B} + \frac{\cos^2\theta}{C}\right)^{\frac{3}{2}}}.$$

On voit facilement que le tiers de cette intégrale représente le volume d'un ellipsoïde dont les demi-axes sont $\sqrt{A}$, $\sqrt{B}$, $\sqrt{C}$; elle a donc pour valeur $4\pi\sqrt{ABC}$.

D'après cela, l'équation (a) devient

$$0 = -\int cP \frac{d\frac{1}{r}}{dt} d\sigma + \int \frac{1}{r} P \frac{dc}{dt} d\sigma + 4\pi\sqrt{ABC}\, c.$$

Considérons ensuite le volume compris entre la surface σ et une autre surface σ' qui renferme la première; $\frac{1}{r}$ ne devenant pas infini dans cet intervalle, on peut appliquer l'équation (a) à tout ce volume, et l'on a, en supposant que la surface σ' aille à l'infini,

$$0 = \int cP \frac{d\frac{1}{r}}{dt} d\sigma - \int \frac{1}{r} P \frac{dc}{dt} d\sigma.$$

Retranchons cette équation de la précédente, et nous aurons

$$v = -\frac{1}{4\pi\sqrt{ABC}}\int \frac{1}{r} P\left(\frac{dv}{dt} + \frac{dv}{dt'}\right) d\sigma.$$

Il en résulte que v est le potentiel d'une couche distribuée sur σ et qui a pour densité

$$-\frac{1}{4\pi\sqrt{ABC}} P\left(\frac{dv}{dt} + \frac{dv}{dt'}\right).$$

28. Concevons un cristal infini que nous divisons en deux parties, l'une T intérieure à σ et l'autre T' qui lui est extérieure, et supposons ces deux espaces séparés par un intervalle infiniment mince. La fonction v peut aussi être considérée comme une température d'équilibre, déterminée par une source de chaleur qui ne varie pas avec le temps et située sur la surface σ. Sur chaque élément $d\sigma$ se trouvera un élément de la source qui produira par unité de temps une quantité de chaleur égale à

$$-P\left(\frac{dv}{dt} + \frac{dv}{dt'}\right) d\sigma,$$

d'où résulteront deux flux égaux qui pénétreront l'un à l'intérieur de σ, l'autre à l'extérieur, et qui pourront être considérés comme ayant pour direction l'un la ligne t', l'autre la ligne t.

Valeur de $\Delta' V$ à l'intérieur de la masse.

29. Soit ρ la densité d'une masse qui se trouve dans un volume ϖ ; considérons le potentiel

$$V = \int \frac{\rho}{r} d\varpi,$$

r désignant l'expression

$$\sqrt{\frac{(x-a)^2}{A} + \frac{(y-b)^2}{B} + \frac{(z-c)^2}{C}},$$

où (a, b, c) sont les coordonnées de $d\varpi$, et cherchons la valeur de $\Delta' V$ en un point de la masse. Comme le calcul est entièrement analogue à celui des nos 7 et 8 du Chap. I, nous pourrons le faire rapidement.

On obtiendra, comme dans ce numéro,

$$\frac{dV}{dx} = \int \rho \frac{d\frac{1}{r}}{dx} d\varpi = -\int \rho \frac{d\frac{1}{r}}{da} d\varpi = -\int \frac{\rho \cos\lambda}{r} d\sigma + \int \frac{1}{r} \frac{d\rho}{da} d\varpi,$$

λ étant l'angle de la normale à la surface avec l'axe des x. On aura ensuite

$$\frac{d^2V}{dx^2} = \int \frac{\rho \cos\lambda}{r^3} \frac{x-a}{A} d\sigma - \int \frac{d\rho}{da} \frac{1}{r^3} \frac{x-a}{A} d\varpi.$$

Le point (x, y, z) étant supposé situé dans la masse, décrivons de ce point comme centre une sphère de rayon infiniment petit R_1; nous partagerons ainsi la masse en deux parties, l'une située dans la sphère, l'autre en dehors; soient V_1 et V_2 les parties correspondantes de V; on a $\Delta' V_2 = 0$ et, par suite, $\Delta' V = \Delta' V_1$. Appliquons la formule précédente à V_1 et soient α, β, γ les angles directeurs de la droite R qui joint le point (x, y, z) au point (a, b, c); nous aurons

$$A \frac{d^2V_1}{dx^2} = -\int \frac{R \rho \cos^2\alpha}{r^3} d\sigma' + \int \frac{d\rho}{da} \frac{R}{r^3} \cos\alpha \, d\varpi',$$

$d\sigma'$ et $d\varpi'$ étant les éléments de la surface et du volume de la sphère. Ajoutons cette équation aux deux équations semblables, nous aurons

$$\begin{aligned} \Delta' V &= -\int \frac{R\rho}{r^3} d\sigma' + \int \frac{R}{r^3}\left(\frac{d\rho}{da}\cos\alpha + \frac{d\rho}{db}\cos\beta + \frac{d\rho}{dc}\cos\gamma\right) d\varpi' \\ &= -\int \frac{R\rho}{r^3} d\sigma' + \int \frac{R}{r^3} \frac{d\rho}{dR} d\varpi'. \end{aligned}$$

Remplaçons $d\sigma'$ par $R_1^2 d\omega$ et $d\varpi'$ par $R^2 d\omega\, dR$; mettant de plus l'indice 1 pour les quantités relatives à la surface, nous avons

$$\Delta' V = -\int \frac{R_1^3}{r_1^3} \rho_1 d\omega + \int d\omega \int \frac{d\rho}{dR} \frac{R^3}{r^3} dR.$$

Or la quantité

$$\frac{R}{r} = \frac{1}{\left(\frac{\sin^2\theta \cos^2\varphi}{A} + \frac{\sin^2\theta \sin^2\varphi}{B} + \frac{\cos^2\theta}{C}\right)^{\frac{1}{2}}}$$

est indépendante de R; on a donc, pour la dernière intégrale,

$$\int \frac{R^3}{r_1^3}(\rho_1 - \rho_0)\,d\omega,$$

ρ_0 étant la valeur de ρ au centre de la sphère. Substituons, et il nous reste

$$\Delta' V = -\rho_0 \int \frac{R^3}{r_1^3}\,d\omega = -4\pi\rho_0\sqrt{ABC},$$

la valeur de la dernière intégrale ayant été obtenue (n° **27**).

Valeur moyenne de l'expression $P\frac{dV}{dt}$ *sur une surface fermée.*

30. Supposons que V soit le potentiel de masses, les unes intérieures à la surface fermée σ et dont la masse est M, les autres extérieures à σ, et faisons dans la formule (a) (n° **26**) $w = 1$ et $v = V$; nous aurons

$$\int \Delta' V\,d\varpi = \int P\frac{dV}{dt}\,d\sigma;$$

or on a

$$\Delta' V = -4\pi\rho\sqrt{ABC},$$

en regardant ρ comme nul dans les parties où il n'y a pas de masse agissante; on aura donc la formule

$$(a) \qquad \int P\frac{dV}{dt}\,d\sigma = -4\pi\sqrt{ABC}\,M,$$

qui, divisée par la surface σ, donne la valeur moyenne de $P\frac{dV}{dt}$ sur cette surface.

Considérons le cas particulier où toutes les masses se réduisent à un point P intérieur ou extérieur dont la masse est l'unité. Alors, en supposant ce point à l'origine, tandis que (x, y, z) sera un point quelconque de σ, on aura

$$V = \frac{1}{r} = \frac{1}{\sqrt{\frac{x^2}{A}+\frac{y^2}{B}+\frac{z^2}{C}}};$$

ainsi la formule (a) donnera

$$\int \mathrm{P}\frac{d\frac{1}{r}}{dt}\,d\sigma = -4\pi\sqrt{\mathrm{ABC}} \quad \text{ou} \quad = 0,$$

suivant que le point P sera intérieur ou extérieur.

Cette formule constitue un théorème d'Analyse qui renferme celui de Gauss donné (Chap. I, n° 13).

CHAPITRE V.

SUR L'ATTRACTION DE DIFFÉRENTS CORPS DÉRIVÉS DES SURFACES DU SECOND ORDRE.

Emploi des surfaces de niveau pour déterminer l'attraction d'un corps.

1. Supposons, en général, un corps homogène dont on sache partager le volume en tranches infiniment minces par des surfaces renfermées dans l'équation

$$F(x, y, z, k) = 0, \tag{1}$$

où k est un paramètre variable, de telle sorte que chacune de ces surfaces appartienne séparément à un système connu de surfaces de niveau, et de plus que chaque tranche ainsi obtenue soit une *couche de niveau* dans le système correspondant de surfaces de niveau (Chap. IV, n° 5). Alors la recherche de l'attraction du volume du corps sera ramenée à la détermination des composantes de l'attraction d'une couche de niveau, qu'il faudra ensuite intégrer par rapport à k.

Représentons par

$$\Phi(x, y, z, k, \alpha) = 0 \tag{2}$$

l'équation du système de surfaces de niveau auquel appartient chaque surface (1), α étant le paramètre thermométrique de ces surfaces; k étant d'abord choisi, l'équation (2) coïncidera avec l'équation (1) pour une valeur convenable de α. Désignons par ε la distance entre la surface (2) pour ces valeurs de k et de α et la surface qui correspond à la même valeur de k et à $\alpha + d\alpha$. D'après le numéro cité, l'épaisseur de la couche de niveau variera proportionnellement à $\frac{1}{\varepsilon}$, et peut être représentée par l'expression $\frac{g}{\varepsilon}$, où g est constant et déterminé par le volume de cette couche.

2. Nous avons déjà dit (Chap. IV, n° 6) qu'un système d'ellipsoïdes homofocaux forme un système de surfaces de niveau et qu'on obtient une couche de niveau sur une de ces surfaces, en prenant une couche renfermée entre cette surface et un ellipsoïde homothétique intérieur et infiniment voisin. Si donc le corps dont on cherche l'attraction est un ellipsoïde, on pourra prendre pour les surfaces (1) des ellipsoïdes homothétiques avec celui-ci, et, k étant pris constant, les surfaces (2) seront des ellipsoïdes homofocaux.

Il est aisé de retrouver, par ce qui précède, la couche de niveau qui correspond aux ellipsoïdes homofocaux, pris pour surfaces de niveau.

Remarquons d'abord que la distance entre deux ellipsoïdes homothétiques infiniment voisins varie proportionnellement à la perpendiculaire abaissée du centre des ellipsoïdes sur le plan tangent.

Soit, en effet, ME une normale menée en M à l'ellipsoïde extérieur;

Fig. 5.

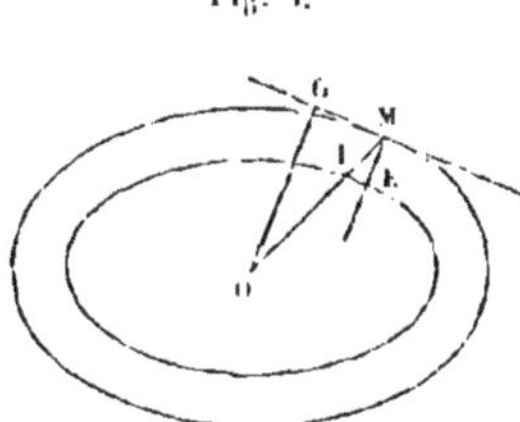

joignons le point M au centre O et abaissons la perpendiculaire OG sur le plan tangent en M. Par les deux droites OM, OG, faisons passer un plan qui coupe les deux surfaces suivant deux ellipses homothétiques indiquées dans la figure.

De la similitude des deux triangles IEM, MOG, on conclut

$$\mathrm{ME} = \frac{\mathrm{MI}}{\mathrm{MO}}\,\mathrm{OG};$$

or $\frac{\mathrm{MI}}{\mathrm{MO}}$ est constant, et si l'on désigne par a et $a + da$ deux demi-axes des ellipsoïdes qui soient dirigés suivant la même droite, on a

$$\frac{\mathrm{MI}}{\mathrm{MO}} = \frac{da}{a};$$

donc

$$\mathrm{ME} = \mathrm{OG}\frac{da}{a},$$

et la distance ME entre les deux ellipsoïdes est proportionnelle à OG. Il est évident que, réciproquement, si, infiniment près de l'ellipsoïde extérieur, on construit une surface telle que sa distance ME à la première soit proportionnelle à OG, cette seconde surface sera un ellipsoïde homothétique.

Désignons maintenant par f la distance entre l'ellipsoïde

$$(3) \qquad \frac{x^2}{a^2} + \frac{y^2}{b^2} + \frac{z^2}{c^2} = 1$$

et l'ellipsoïde homofocal infiniment voisin

$$(4) \qquad \frac{X^2}{a^2+s} + \frac{Y^2}{b^2+s} + \frac{Z^2}{c^2+s} = 1.$$

Les équations de la normale à l'ellipsoïde (3) au point (x, y, z) sont

$$(5) \qquad \frac{X-x}{\frac{x}{a^2}} = \frac{Y-y}{\frac{y}{b^2}} = \frac{Z-z}{\frac{z}{c^2}},$$

et si, dans ces équations, X, Y, Z représentent les coordonnées du point d'intersection de l'ellipsoïde (4), avec cette normale, chacun des termes (5) est égal à

$$\frac{f}{\sqrt{\frac{x^2}{a^4} + \frac{y^2}{b^4} + \frac{z^2}{c^4}}} = f\mathrm{P},$$

P étant la perpendiculaire abaissée de l'origine sur le plan tangent au point (x, y, z). Substituons dans (4)

$$X = x\left(1 + \frac{f\mathrm{P}}{a^2}\right), \quad \ldots,$$

en regardant s et f comme infiniment petits, et nous aurons

$$f = \frac{s}{2P};$$

f est donc en raison inverse de P.

Il suit de là et du n° 1 que l'épaisseur de la couche de niveau mise sur l'ellipsoïde (3) est proportionnelle à P; cette couche sera donc terminée par un ellipsoïde homothétique avec l'ellipsoïde (3) et qui en sera infiniment voisin.

3. Le même raisonnement, pris en sens inverse, peut servir à prouver que les ellipsoïdes homofocaux constituent un système de surfaces de niveau.

En effet, prenons pour point de départ ce théorème : *Une couche homogène comprise entre deux ellipsoïdes homothétiques n'exerce aucune action sur un point intérieur.* La composante tangentielle de l'attraction de la couche est donc nulle sur la surface extérieure comme à la surface intérieure, et son attraction sur un point de sa surface extérieure est normale à cette surface. Cette couche donne donc naissance à un système de surfaces de niveau extérieures dont fera partie la surface extérieure S de la couche. Son épaisseur est proportionnelle à la distance P du centre au plan tangent; donc la distance entre la surface S et la surface de niveau S_1 extérieure infiniment voisine est en raison inverse de P; par suite, S_1 est un ellipsoïde homofocal avec S. Si sur S_1 nous construisons une couche intérieure homothétique, elle produira les mêmes surfaces de niveau que la couche précédente, et l'ellipsoïde homofocal S_2, mené extérieurement à une distance infiniment petite, appartiendra au système des surfaces de niveau. Et ainsi de suite. On voit donc qu'un système d'ellipsoïdes homofocaux forme un système de surfaces de niveau.

Attraction d'une couche ellipsoïdale sur un point de sa surface extérieure.

4. Soit une couche homogène comprise entre deux ellipsoïdes homothétiques et infiniment voisins, et cherchons son attraction sur un point M de sa surface extérieure. Nous savons que cette force est diri-

gée suivant la normale intérieure menée à l'ellipsoïde extérieur et qu'elle a pour valeur (Chap. II, n° 8, ou Chap. IV, n° 2)

$$-\frac{dV}{dn} = 4\pi\rho,$$

dn étant l'élément de normale extérieure et ρ la *densité* de la couche, c'est-à-dire le produit de l'épaisseur E par la densité h de la matière; nous avons donc pour cette attraction

$$4\pi h E;$$

mais nous venons de voir que l'on a

$$E = P\frac{da}{a};$$

avec

$$P = \frac{1}{\sqrt{\frac{x^2}{a^4} + \frac{y^2}{b^4} + \frac{z^2}{c^4}}};$$

l'attraction de la couche sur le point M est donc

$$4\pi h P\frac{da}{a}.$$

Or les cosinus des angles de la normale avec les trois axes ont pour valeurs

$$-P\frac{x}{a^2}, \quad -P\frac{y}{b^2}, \quad -P\frac{z}{c^2};$$

donc on a pour les trois composantes de l'attraction

$$-4\pi h P^2 x\frac{da}{a^3}, \quad -4\pi h P^2 y\frac{da}{ab^2}, \quad -4\pi h P^2 z\frac{da}{ac^2}.$$

Composantes de l'attraction d'un ellipsoïde homogène sur un point.

5. Nous supposerons d'abord que le point (x, y, z), attiré par un ellipsoïde, lui soit extérieur; soient A, B, C les trois demi-axes de cet ellipsoïde homogène. Décomposons son volume en couches infiniment minces par les surfaces d'ellipsoïdes homothétiques. Représentons par

a, b, c et $a-da$, $b-db$, $c-dc$ les demi-axes dirigés suivant A, B, C des surfaces qui terminent une de ces couches, ε, et désignons par E l'ellipsoïde dont les demi-axes sont a, b, c. Par le point (x, y, z) faisons passer un ellipsoïde E' homofocal avec E et dont les demi-axes sont a', b', c'; puis menons un ellipsoïde E'_1 homothétique de E' et infiniment voisin, dont nous désignerons les demi-axes par $a'-da'$, $b'-db'$, $c'-dc'$. Si nous choisissons da' de manière que la couche homogène ε' renfermée entre E' et E'_1 ait la même masse que la couche ε, ces deux couches de niveau produiront la même attraction sur tout point extérieur et par suite aussi sur le point (x, y, z). Ainsi, pour calculer l'attraction de ε, il suffit de calculer l'attraction de ε'.

Les deux ellipsoïdes E et E' étant homofocaux, on a

$$a'^2 - b'^2 = a^2 - b^2, \quad a'^2 - c'^2 = a^2 - c^2,$$

et nous pouvons poser

$$a'^2 - a^2 = b'^2 - b^2 = c'^2 - c^2 = s;$$

ensuite, comme le point (x, y, z) est sur la surface de l'ellipsoïde E', on a

$$(1) \qquad \frac{x^2}{a^2+s} + \frac{y^2}{b^2+s} + \frac{z^2}{c^2+s} = 1;$$

s est donc donné par une équation du troisième degré, et, comme elle n'a qu'une racine positive, s est parfaitement déterminé par cette équation.

D'après le numéro précédent, les composantes de l'action de la couche ε' sur le point (x, y, z) sont

$$(2) \qquad -4\pi P'^2 x \frac{da'}{a'^3}, \quad -4\pi P'^2 y \frac{da'}{a' b'^2}, \quad -4\pi P'^2 z \frac{da'}{a' c'^2},$$

P' étant la perpendiculaire abaissée de l'origine sur le plan tangent au point (x, y, z) et la densité étant supposée égale à l'unité.

Le volume de la couche ε est la différence des volumes des deux ellipsoïdes qui la terminent; il est donc égal à

$$\tfrac{4}{3}\pi abc - \tfrac{4}{3}\pi abc\left(1 - \frac{da}{a}\right)^3 = 4\pi bc\,da;$$

le volume de la couche ε' est de même $4\pi b'c'\,da'$, et, ces deux volumes étant égaux, on a

$$da' = \frac{bc}{b'c'}\,da.$$

Remplaçons da' dans les expressions (2); nous aurons pour les composantes de l'attraction de la couche ε sur le point (x, y, z)

$$dX = -4\pi P'^2 x \frac{bc}{a'^3 b' c'}\,da,$$

$$dY = -4\pi P'^2 y \frac{bc}{a' b'^3 c'}\,da,$$

$$dZ = -4\pi P'^2 z \frac{bc}{a' b' c'^3}\,da.$$

Posons

$$\frac{a}{b} = m, \quad \frac{a}{c} = n, \quad \frac{s}{a^2} = t;$$

m et n sont constants et l'équation (1) devient

$$\frac{x^2}{1+t} + \frac{y^2}{\frac{1}{m^2}+t} + \frac{z^2}{\frac{1}{n^2}+t} = a^2; \tag{3}$$

d'une couche à une autre, a varie et t varie avec a d'après cette formule; différentions donc l'équation (3), et nous aurons

$$-\left[\frac{x^2}{(1+t)^2} + \frac{y^2}{\left(\frac{1}{m^2}+t\right)^2} + \frac{z^2}{\left(\frac{1}{n^2}+t\right)^2}\right] dt = 2a\,da$$

ou

$$da = -\frac{a^3}{2P'^2}\,dt.$$

L'expression de dX devient donc

$$dX = 2\pi x \frac{dt}{(1+t)\sqrt{(1+t)(1+m^2 t)(1+n^2 t)}}.$$

6. Désignons par σ la valeur de s quand l'ellipsoïde variable, aux demi-axes a, b, c, coïncide avec l'ellipsoïde donné; σ sera la racine

positive de l'équation

$$\frac{x^2}{A^2+\sigma}+\frac{y^2}{\frac{A^2}{m^2}+\sigma}+\frac{z^2}{\frac{A^2}{n^2}+\sigma}=1.$$

Pour obtenir la composante de l'attraction de l'ellipsoïde donné suivant l'axe des x, intégrons l'expression de dX, en remarquant que, pour $a=0$, t devient infini, et nous aurons

$$X=2\pi x\int_{\infty}^{\frac{\sigma}{A^2}}\frac{dt}{(1+t)\sqrt{(1+t)(1+m^2t)(1+n^2t)}},$$

et, si nous mettons maintenant $\frac{s}{A^2}$ au lieu de t,

$$X=-2\pi x\int_{\sigma}^{\infty}\frac{ds}{(s+A^2)\sqrt{\left(1+\frac{s}{A^2}\right)\left(1+\frac{s}{B^2}\right)\left(1+\frac{s}{C^2}\right)}}.$$

D'après cela, posons, pour abréger,

$$D=\sqrt{\left(1+\frac{s}{A^2}\right)\left(1+\frac{s}{B^2}\right)\left(1+\frac{s}{C^2}\right)},$$

et nous aurons

$$(4)\qquad\begin{cases} X=-2\pi x\displaystyle\int_{\sigma}^{\infty}\frac{ds}{(s+A^2)D}, \\ Y=-2\pi y\displaystyle\int_{\sigma}^{\infty}\frac{ds}{(s+B^2)D}, \\ Z=-2\pi z\displaystyle\int_{\sigma}^{\infty}\frac{ds}{(s+C^2)D}. \end{cases}$$

7. Nous allons mettre ces expressions sous une autre forme. Changeons la variable s en posant

$$1+\frac{s}{A^2}=\frac{1}{u^2};$$

puis, supposant que A soit le plus grand des demi-axes, faisons

$$\frac{A^2-B^2}{A^2}=\lambda^2,\quad \frac{A^2-C^2}{A^2}=\lambda'^2,\quad \frac{A}{\sqrt{A^2+\sigma}}=q,$$

et introduisons la masse M de l'ellipsoïde dont la densité a été prise pour unité; en remplaçant le facteur BC par $\frac{3}{4}\frac{M}{\pi A}$, nous obtiendrons

$$X = -\frac{3Mx}{A^3}\int_0^q \frac{u^2\,du}{(1-\lambda^2u^2)^{\frac{3}{2}}(1-\lambda'^2u^2)^{\frac{1}{2}}},$$

$$Y = -\frac{3My}{A^3}\int_0^q \frac{u^2\,du}{(1-\lambda^2u^2)^{\frac{3}{2}}(1-\lambda'^2u^2)^{\frac{1}{2}}},$$

$$Z = -\frac{3Mz}{A^3}\int_0^q \frac{u^2\,du}{(1-\lambda^2u^2)^{\frac{1}{2}}(1-\lambda'^2u^2)^{\frac{3}{2}}}.$$

Si le point (x, y, z) se trouve à la surface de l'ellipsoïde donné, on aura $\varepsilon = 0$ et, par suite, $q = 1$; il faudra donc faire simplement $q = 1$ dans ces trois formules.

Si le point (x, y, z) est intérieur à l'ellipsoïde donné, menons par ce point l'ellipsoïde homothétique dont nous désignerons les demi-axes par A', B', C'. L'action de la couche comprise entre ces deux ellipsoïdes sur le point (x, y, z) est nulle, puisqu'elle peut être décomposée en couches infiniment minces terminées par des surfaces homothétiques et dont l'action est nulle séparément. Il suffit donc de chercher l'attraction de l'ellipsoïde aux demi-axes A', B', C'. Pour en avoir les trois composantes, il faudra encore faire dans les formules précédentes $q = 1$ et remplacer $\frac{M}{A^3}$ par ce que devient cette quantité pour cet ellipsoïde; mais sa valeur reste la même. Donc il n'y a qu'à faire $q = 1$ dans les formules précédentes, et l'on en conclut aussi ce théorème, dû à Maclaurin :

La composante de l'attraction d'un ellipsoïde homogène sur un point intérieur, suivant un des axes, ne dépend que de la coordonnée du point parallèle à cet axe, et elle est proportionnelle à cette coordonnée.

Potentiel d'un ellipsoïde plein homogène.

8. Si nous désignons par V le potentiel de l'ellipsoïde pris au point (x, y, z), les composantes X, Y, Z de son attraction sur ce point seront

$\frac{dV}{dx}, \frac{dV}{dy}, \frac{dV}{dz}$. A cause de leur symétrie, adoptons les formules (4) du n° 6.

Si l'on suppose le point (x, y, z) situé sur la surface de l'ellipsoïde, σ est nul et l'on a, par conséquent,

$$\frac{dV}{dx} = -2\pi x \int_0^{\infty} \frac{ds}{(s+A^2)D},$$

$$\frac{dV}{dy} = -2\pi y \int_0^{\infty} \frac{ds}{(s+B^2)D},$$

$$\frac{dV}{dz} = -2\pi z \int_0^{\infty} \frac{ds}{(s+C^2)D},$$

avec

$$D = \frac{\sqrt{(s+A^2)(s+B^2)(s+C^2)}}{ABC};$$

de plus, d'après ce qui a été dit à la fin du numéro précédent, ces formules ont encore lieu si le point (x, y, z) est intérieur à l'ellipsoïde.

Des trois dérivées de V, on conclut la formule

$$(1)\quad V = -\pi\left[x^2 \int_0^{\infty} \frac{ds}{D(s+A^2)} + y^2 \int_0^{\infty} \frac{ds}{D(s+B^2)} + z^2 \int_0^{\infty} \frac{ds}{D(s+C^2)}\right] + H,$$

où H est indépendant de x, y, z et représente la valeur de V au centre de l'ellipsoïde. Nous déterminerons ci-dessous la valeur de H.

Pour obtenir la valeur de V en un point extérieur, posons, d'après les formules (4),

$$V = -\pi\left[x^2 \int_\sigma^{\infty} \frac{ds}{D(s+A^2)} + y^2 \int_\sigma^{\infty} \frac{ds}{D(s+B^2)} + z^2 \int_\sigma^{\infty} \frac{ds}{D(s+C^2)}\right] + U,$$

puis différentions par rapport à x, nous aurons

$$\frac{dV}{dx} = -2\pi x \int_\sigma^{\infty} \frac{ds}{D(s+A^2)} + \frac{\pi}{D_1}\left(\frac{x^2}{\sigma+A^2} + \frac{y^2}{\sigma+B^2} + \frac{z^2}{\sigma+C^2}\right)\frac{d\sigma}{dx} + \frac{dU}{dx},$$

en posant

$$D_1 = \frac{\sqrt{(\sigma+A^2)(\sigma+B^2)(\sigma+C^2)}}{ABC}.$$

Or σ satisfait à l'équation

(2) $$\frac{x^2}{\sigma+A^2}+\frac{y^2}{\sigma+B^2}+\frac{z^2}{\sigma+C^2}=1;$$

on a donc

$$\frac{dV}{dx}=-2\pi x\int_\sigma^\infty\frac{ds}{D(s+A^2)}+\frac{\pi}{D_1}\frac{d\sigma}{dx}+\frac{dU}{dx}.$$

En comparant cette équation avec la première formule (4) du n° 6, on obtient

$$\frac{dU}{dx}=-\frac{\pi}{D_1}\frac{d\sigma}{dx};$$

on a de même

$$\frac{dU}{dy}=-\frac{\pi}{D_1}\frac{d\sigma}{dy},\quad \frac{dU}{dz}=-\frac{\pi}{D_1}\frac{d\sigma}{dz},$$

et l'on en conclut

$$U=\pi\int_\sigma^\infty\frac{ds}{D}+H_1,$$

H_1 étant une constante. Si l'on suppose que le point (x, y, z) aille à l'infini, σ sera infini. Je vais démontrer que les trois premiers termes de l'expression de V seront alors nuls; l'intégrale qui entre dans U sera nulle aussi et, comme V devient égal à zéro, H_1 sera lui-même nul.

Examinons ce que devient l'expression

$$x^2\int_\sigma^\infty\frac{ds}{D(s+A^2)},$$

quand le point (x, y, z) s'éloigne à l'infini. Désignons par μ le plus petit des trois demi-axes A, B, C; nous aurons successivement

$$D>\frac{(s+\mu^2)^{\frac{3}{2}}}{ABC},\quad D(s+A^2)>\frac{(s+\mu^2)^{\frac{5}{2}}}{ABC},$$

$$\int_\sigma^\infty\frac{ds}{D(s+A^2)}<ABC\int_\sigma^\infty\frac{ds}{(s+\mu^2)^{\frac{5}{2}}}\quad\text{ou}\quad \tfrac{2}{3}ABC\frac{1}{(\sigma+\mu^2)^{\frac{3}{2}}}.$$

Or on a, d'après (2),

$$\frac{x^2}{A^2+\sigma}<1;$$

il en résulte

$$x^2\int_\sigma^\infty \frac{ds}{D(s+A^2)} < \tfrac{4}{3}ABC\frac{\sigma+A^2}{(\sigma+\rho^2)^{\frac{3}{2}}},$$

quantité qui est nulle pour $\sigma=\infty$. On démontrerait de même que les trois termes suivants de V sont nuls; donc H_1 est nul.

Ainsi l'on a, pour la valeur de V en un point extérieur,

$$\text{(3)}\qquad V=\pi\int_\sigma^\infty\left(1-\frac{x^2}{s+A^2}-\frac{y^2}{s+B^2}-\frac{z^2}{s+C^2}\right)\frac{ds}{D}.$$

Nous pouvons maintenant calculer la constante H de la formule (1). En effet, les deux expressions (1) et (3) doivent prendre la même valeur quand le point (x, y, z) est sur la surface de l'ellipsoïde

$$\frac{x^2}{A^2}+\frac{y^2}{B^2}+\frac{z^2}{C^2}=1,$$

limite où ces deux formules sont l'une et l'autre applicables. On a alors $\sigma=0$ et il faut prendre dans (3) zéro pour limite inférieure de l'intégrale; la formule (3) devient

$$\text{(4)}\qquad V=\pi\int_0^\infty\left(1-\frac{x^2}{s+A^2}-\frac{y^2}{s+B^2}-\frac{z^2}{s+C^2}\right)\frac{ds}{D},$$

et l'on a

$$H=\pi\int_0^\infty\frac{ds}{D}.$$

D'après cela, la formule (4) donne le potentiel de l'ellipsoïde en un point intérieur.

Dirichlet, après avoir posé les formules (3) et (4) (*Journal de Crelle*, t. 32, 1846), les a vérifiées au moyen du théorème du n° 15 du Chapitre I.

Potentiel d'une couche homogène comprise entre deux ellipsoïdes homothétiques.

9. Dans l'expression du potentiel d'un ellipsoïde aux demi-axes a, b, c, pris au point extérieur (x, y, z),

$$V = \pi \int_{\sigma}^{\infty} \left(1 - \frac{x^2}{a^2 + s} - \frac{y^2}{b^2 + s} - \frac{z^2}{c^2 + s}\right) \frac{ds}{\sqrt{\left(1 + \frac{s}{a^2}\right)\left(1 + \frac{s}{b^2}\right)\left(1 + \frac{s}{c^2}\right)}},$$

posons

$$s = a^2 t, \quad \frac{a}{b} = m, \quad \frac{a}{c} = n;$$

nous aurons

$$ds = a^2\, dt, \quad D = \sqrt{\left(1 + \frac{s}{a^2}\right)\left(1 + \frac{s}{b^2}\right)\left(1 + \frac{s}{c^2}\right)} = \sqrt{(1 + t)(1 + m^2 t)(1 + n^2 t)},$$

et il en résultera

$$V = \pi \int_{t_1}^{\infty} \left(a^2 - \frac{x^2}{1 + t} - \frac{y^2}{\frac{1}{m^2} + t} - \frac{z^2}{\frac{1}{n^2} + t}\right) \frac{dt}{D},$$

en prenant pour t_1 la racine positive de l'équation

$$(1) \qquad \frac{x^2}{1 + t_1} + \frac{y^2}{\frac{1}{m^2} + t_1} + \frac{z^2}{\frac{1}{n^2} + t_1} = a^2.$$

Cherchons l'accroissement infiniment petit de V, provenant du changement de a en $a + da$; alors t_1 subira un accroissement dt_1, d'après l'équation (1), et nous aurons la formule

$$dV = 2\pi a\, da \int_{t_1}^{\infty} \frac{dt}{D} - \pi \left(a^2 - \frac{x^2}{1 + t_1} - \frac{y^2}{\frac{1}{m^2} + t_1} - \frac{z^2}{\frac{1}{n^2} + t_1}\right) \frac{dt_1}{D_1},$$

dans laquelle le dernier terme est nul, à cause de l'équation (1). Cette expression représente évidemment le potentiel v d'une couche comprise entre deux ellipsoïdes homothétiques et infiniment voisins; ainsi l'on a, pour ce potentiel,

$$v = 2\pi a\, da \int_{t_1}^{\infty} \frac{dt}{\sqrt{(1+t)(1+m^2 t)(1+n^2 t)}}.$$

Si l'on pose

$$u_1 = \frac{1}{\sqrt{t_1+1}}, \quad \frac{a^2-b^2}{a^2} = \lambda^2, \quad \frac{a^2-c^2}{a^2} = \lambda'^2,$$

et que l'on désigne par M la masse $4\pi bc\, da$ de la couche, cette formule se transformera en la suivante :

$$v = \frac{M}{a} \int_0^{u_1} \frac{du}{\sqrt{(1-\lambda^2 u^2)(1-\lambda'^2 u^2)}}.$$

10. Cherchons le potentiel de la même couche dans un point de sa cavité. Comme ce potentiel est le même dans tout cet espace, mettons ce point à l'origine des coordonnées.

Nous avons d'abord, pour le potentiel de l'ellipsoïde aux demi-axes a, b, c, pris à l'origine,

$$V = \pi \int_0^{\infty} \frac{ds}{D} = \pi a^2 \int_0^{\infty} \frac{dt}{\sqrt{(1+t)(1+m^2 t)(1+n^2 t)}};$$

et, en prenant la différentielle de V par rapport à a, nous aurons, pour le potentiel cherché,

$$v = 2\pi a\, da \int_0^{\infty} \frac{dt}{\sqrt{(1+t)(1+m^2 t)(1+n^2 t)}}$$

ou, d'après la transformation précédente,

$$v = \frac{M}{a} \int_0^{1} \frac{du}{\sqrt{(1-\lambda^2 u^2)(1-\lambda'^2 u^2)}}.$$

Potentiel d'un ellipsoïde formé de couches homogènes infiniment minces et homothétiques.

11. Supposons le point (x, y, z) extérieur à l'ellipsoïde qui est composé de couches infiniment minces dont la densité est supposée fonction de a : représentons cette fonction par $\varphi(a)$; nous aurons, pour le potentiel d'une de ces couches,

$$v = 2\pi\varphi(a)a\,da\int_{t_1}^{\infty}\frac{dt}{\sqrt{(1+t)(1+m^2t)(1+n^2t)}},$$

t_1 étant la racine positive de l'équation

$$(p) \qquad \frac{x^2}{1+t}+\frac{m^2y^2}{1+m^2t}+\frac{n^2z^2}{1+n^2t}=a^2.$$

Posons

$$\int_0^a \varphi(a)a\,da = F(a),$$

il en résultera $F(0)=0$, et l'on aura, pour le potentiel de l'ellipsoïde,

$$V = 2\pi\int_0^A F'(a)\,da\int_t^{\infty}\frac{dt}{D},$$

A étant le plus grand demi-axe de l'ellipsoïde donné. Or on a

$$\int F'(a)\,da\int_t^{\infty}\frac{dt}{D} = F(a)\int_t^{\infty}\frac{dt}{D} + \int F(a)\frac{dt}{D}.$$

Donc, si nous désignons par t_1 la valeur de t correspondant à $a = A$, nous aurons

$$V = 2\pi F(A)\int_{t_1}^{\infty}\frac{dt}{D} + 2\pi\int_{\infty}^{t_1} F(a)\frac{dt}{D}$$

ou

$$V = 2\pi\int_{t_1}^{\infty}[F(A)-F(a)]\frac{dt}{D},$$

formule où l'on doit remplacer dans $F(a)$ la quantité a par sa valeur tirée de l'équation (p).

Pour avoir les composantes de l'attraction de cet ellipsoïde sur un point extérieur, il suffira de former les dérivées de V par rapport à x, y, z; on aura, par exemple,

$$\frac{dV}{dx} = -2\pi\int_{t_1}^{\infty}F'(a)\frac{da}{dx}\frac{dt}{D};$$

en différentiant l'équation (p), on obtient

$$\frac{da}{dx} = \frac{1}{a}\,\frac{x}{1+t};$$

et, comme on a $F'(a) = a\varphi'(a)$, il en résulte

$$\frac{dV}{dx} = -2\pi x\int_{t_1}^{\infty}\varphi(a)\,\frac{dt}{(1+t)D}.$$

Si l'on suppose un corps creux compris entre deux ellipsoïdes homothétiques et formé des mêmes couches que dans le problème précédent, on aura, pour le potentiel d'une de ces couches en un point intérieur,

$$v = 2\pi\,\varphi(a)\,a\,da\int_0^{\infty}\frac{dt}{D},$$

et, si nous désignons par A et A_0 les demi-grands axes des ellipsoïdes qui limitent le corps, nous aurons, pour son potentiel en un point de la cavité,

$$V = 2\pi[F(A) - F(A_0)]\int_0^{\infty}\frac{dt}{D}.$$

Potentiel d'un ellipsoïde formé de couches homogènes infiniment minces et homofocales.

12. Le potentiel d'un ellipsoïde homogène aux demi-axes a, b, c, et dont la densité est égale à l'unité, a pour valeur en un point extérieur (x, y, z)

$$v = \pi\int_{\sigma}^{\infty}\left(1 - \frac{x^2}{s+a^2} - \frac{y^2}{s+b^2} - \frac{z^2}{s+c^2}\right)\frac{ds}{D},$$

en posant

$$D = \frac{\sqrt{(s+a^2)(s+b^2)(s+c^2)}}{abc},$$

et, en prenant pour σ la racine positive de l'équation,

$$\frac{x^2}{a^2+\sigma} + \frac{y^2}{b^2+\sigma} + \frac{z^2}{c^2+\sigma} = 1.$$

Posons

$$(h)\qquad a^2+s=\rho^2,\quad a^2-b^2=\beta^2,\quad a^2-c^2=\gamma^2,$$

et nous aurons

$$v=2\pi abc\int_{\rho_1}^{\infty}\left(1-\frac{x^2}{\rho^2}-\frac{y^2}{\rho^2-\beta^2}-\frac{z^2}{\rho^2-\gamma^2}\right)\frac{d\rho}{\sqrt{(\rho^2-\beta^2)(\rho^2-\gamma^2)}},$$

la limite inférieure ρ_1 de l'intégrale étant égale à $\sqrt{a^2+\sigma_1}$; ρ_1 est par conséquent la racine réelle, positive et plus grande que a, de l'équation du troisième degré en ρ_1^2

$$\frac{x^2}{\rho_1^2}+\frac{y^2}{\rho_1^2-\beta^2}+\frac{z^2}{\rho_1^2-\gamma^2}=1.$$

Posons

$$\mathrm{I}=\int_{\rho_1}^{\infty}\left(1-\frac{x^2}{\rho^2}-\frac{y^2}{\rho^2-\beta^2}-\frac{z^2}{\rho^2-\gamma^2}\right)\frac{d\rho}{\sqrt{(\rho^2-\beta^2)(\rho^2-\gamma^2)}},$$

et nous aurons

$$v=2\pi abc\,\mathrm{I}.$$

Supposons un second ellipsoïde homofocal avec le premier et auquel le point (x, y, z) soit encore extérieur. Dans l'expression de son potentiel v', la quantité ρ_1 restera la même, et, si nous désignons par a', b', c' ses demi-axes, nous aurons

$$v'=2\pi a'b'c'\,\mathrm{I}.$$

Donc les potentiels des deux ellipsoïdes sont entre eux comme leurs volumes, et l'on peut énoncer ce théorème, donné pour la première fois par Legendre dans son Mémoire intitulé : *Recherches sur l'attraction des sphéroïdes homogènes* (*Mémoires des Savants étrangers*, p. 413; 1785) :

Deux ellipsoïdes homofocaux et homogènes exercent sur un point extérieur des attractions de même direction et proportionnelles à leurs masses.

13. Prenons le second ellipsoïde infiniment voisin du premier, et désignons ses demi-axes par $a+da$, $b+db$, $c+dc$. Comme les quantités β et γ qui déterminent les foyers sont constantes, nous aurons, en différentiant les équations (h),

$$a\,da = b\,db = c\,dc;$$

nous aurons, par conséquent,

$$\begin{aligned} v' &= 2\pi(abc + bc\,da + ca\,db + ab\,dc)\mathrm{I} \\ &= 2\pi\left[abc + \left(bc + \frac{a^2c}{b} + \frac{a^2b}{c}\right)da\right]\mathrm{I}. \end{aligned}$$

Le potentiel de la couche comprise entre les deux ellipsoïdes a donc pour valeur

$$2\pi\mathrm{I}\left(bc + \frac{a^2c}{b} + \frac{a^2b}{c}\right)da$$

ou, en remplaçant b, c en fonction de a,

$$(l) \qquad 2\pi\mathrm{I}\,\frac{3a^4 - 2(\beta^2 + \gamma^2)a^2 + \beta^2\gamma^2}{\sqrt{(a^2 - \beta^2)(a^2 - \gamma^2)}}\,da.$$

Si l'on a un ellipsoïde composé de couches homogènes infiniment minces, comprises entre des ellipsoïdes homofocaux et dont la variation de la densité est indiquée par la fonction $\varphi(a)$, on aura pour son potentiel

$$\mathrm{V} = 2\pi\mathrm{I}\int_{\gamma}^{a} \frac{3a^4 - 2(\beta^2 + \gamma^2)a^2 + \beta^2\gamma^2}{\sqrt{(a^2 - \beta^2)(a^2 - \gamma^2)}}\,\varphi(a)\,da,$$

en prenant pour limite inférieure la quantité γ supposée plus grande que β; car γ est alors la plus petite valeur de a.

On formera les composantes de l'attraction du corps, en prenant les dérivées de V par rapport à x, y, z.

L'expression (l) du potentiel d'une couche homofocale est égale au produit de $\frac{3}{2}\mathrm{I}$ par la masse de la couche. D'après cela, si sur des ellipsoïdes homofocaux, qui constituent un système de surfaces de niveau, on forme des couches homogènes homofocales, leurs attractions sur un même point extérieur seront de même direction et proportionnelles à leurs masses, comme les attractions des différentes couches de niveau. Il y a seulement cette différence que, pour ces dernières couches, l'attraction sur un point de leur surface extérieure est normale à cette surface.

En partant de l'expression du potentiel d'un ellipsoïde en un point intérieur et faisant un calcul tout semblable à celui qui nous a servi à déterminer l'expression (U), nous trouverons pour le potentiel de la même couche en un point (x, y, z) de sa cavité l'expression

$$J\,2\pi\frac{3a^4-2(\beta^2+\gamma^2)a^2+\beta^2\gamma^2}{\sqrt{(a^2-\beta^2)(a^2-\gamma^2)}}\,da-2\pi a\,da\left(1-\frac{x^2}{a^2}-\frac{y^2}{b^2}-\frac{z^2}{c^2}\right),$$

où l'on prend

$$J=\int_a^{\infty}\left(1-\frac{x^2}{\rho^2}-\frac{y^2}{\rho^2-\beta^2}-\frac{z^2}{\rho^2-\gamma^2}\right)\frac{d\rho}{\sqrt{(\rho^2-\beta^2)(\rho^2-\gamma^2)}}.$$

14. Legendre, après avoir énoncé son théorème dans le Mémoire cité ci-dessus, l'a prouvé pour les ellipsoïdes de révolution ; plus tard, Laplace et Legendre l'ont démontré, chacun d'une manière très différente, dans le cas général ; par conséquent, ainsi que l'ont déjà fait observer plusieurs géomètres allemands, c'est bien à tort que l'on donne souvent à ce théorème le nom de Maclaurin.

La théorie de l'attraction des ellipsoïdes homogènes a occupé Newton, Maclaurin, d'Alembert, Lagrange, Legendre, Laplace, Gauss, Ivory, Poisson, Chasles, Dirichlet. Mais deux Mémoires priment tous les travaux qui ont été faits à ce sujet : celui de Maclaurin (*De causa physica fluxus et refluxus maris*, 1740), où il résolvait complètement le problème de l'attraction d'un ellipsoïde sur un point intérieur ou sur un point de sa surface, et celui de Legendre qui déterminait l'attraction d'un ellipsoïde sur un point extérieur, en la ramenant à celle d'un autre ellipsoïde, homofocal avec le premier et dont la surface passe par ce point.

Potentiel d'une ellipse recouverte d'une couche infiniment mince et de densité constante.

15. Considérons une ellipse ayant pour demi-axes A et B et dont les équations sont

$$(1)\qquad Z=0,\quad \frac{X^2}{A^2}+\frac{Y^2}{B^2}=1,$$

X, Y, Z étant les coordonnées courantes, et supposons cette ellipse recouverte d'une couche infiniment mince dont la densité est constante et égale à ρ.

Riemann a donné pour le potentiel de cette ellipse au point (x, y, z) la formule

$$(2)\quad V = 2\rho\int_\sigma^\infty \sqrt{1-\frac{x^2}{A^2+s}-\frac{y^2}{B^2+s}-\frac{z^2}{s}}\,\frac{ds}{\sqrt{s\left(1+\frac{s}{A^2}\right)\left(1+\frac{s}{B^2}\right)}},$$

où la limite inférieure σ de l'intégrale désigne la racine positive de l'équation

$$\frac{x^2}{A^2+\sigma}+\frac{y^2}{B^2+\sigma}+\frac{z^2}{\sigma}=1.$$

Cette formule peut être obtenue en regardant la couche elliptique comme la limite d'un corps ellipsoïdal terminé par la surface

$$(3)\qquad \frac{X^2}{A^2}+\frac{Y^2}{B^2}+\frac{Z^2}{C^2}=1$$

et formé de couches homothétiques infiniment minces, lorsqu'on fait tendre le demi-axe C vers zéro.

Considérons un ellipsoïde intérieur à l'ellipsoïde (3) et qui lui est homothétique; si nous posons

$$\frac{A}{B}=m,\quad \frac{A}{C}=n,$$

il aura pour équation

$$(4)\qquad X^2+m^2Y^2+n^2Z^2=A^2h^2,$$

h étant < 1; l'intersection de cette surface par le cylindre

$$(5)\qquad X^2+m^2Y^2=A^2k^2$$

se compose de deux ellipses parallèles au plan des x, y. On en conclut que deux cylindres infiniment petits, dont les bases seront égales et situées sur la courbe (5) tracée sur le plan des x, y, détacheront dans chaque couche des masses égales. Donc, si l'on suppose que C tende vers zéro, l'ellipsoïde deviendra une couche infiniment mince distribuée sur l'ellipse (1) et composée de bandes homothétiques infiniment étroites et homogènes.

16. On peut s'arranger pour que toutes ces bandes soient de même densité.

Prenons sur la courbe (5) une aire infiniment petite $d\omega$, que nous prenons pour la base d'un cylindre droit; il détachera dans le corps ellipsoïdal un volume qui aura pour valeur

$$2\,d\omega\int_0^{Z_1}\varphi(a)\,dZ,$$

Z_1 étant la coordonnée de l'ellipsoïde (3), et a d'après les équations (4) et (5) ayant pour valeur

$$a=\sqrt{n^2Z^2+A^2k^2}.$$

Comme on a aussi

$$Z_1=\frac{A}{n}\sqrt{1-k^2},$$

l'expression de ce volume devient

$$2\,d\omega\int_0^{\frac{A}{n}\sqrt{1-k^2}}\varphi\left(\sqrt{n^2Z^2+A^2k^2}\right)dZ.$$

Posons

$$Z=\frac{A}{n}\sqrt{1-k^2}\sin\theta,$$

nous aurons pour ce volume

$$\frac{2A}{n}\sqrt{1-k^2}\,d\omega\int_0^{\frac{\pi}{2}}\varphi\left[A\sqrt{1-(1-k^2)\cos^2\theta}\right]\cos\theta\,d\theta,$$

et si, désignant par g une constante, on pose

$$\varphi(a)=\frac{g}{\sqrt{A^2-a^2}},$$

cette expression se réduit à

$$\frac{\pi}{n}g\,d\omega.$$

Ainsi la densité de la couche sera égale à la constante ρ si l'on pose

$$\frac{\pi}{n}g = \rho \quad \text{ou} \quad g = \frac{n\rho}{\pi};$$

à la limite C sera infiniment petit et par conséquent g infiniment grand.

Nous avons vu (n° 11) que le potentiel du corps ellipsoïdal a pour valeur

$$V = 2\pi \int_{t_1}^{\infty} \psi(a^2)\frac{dt}{D},$$

en prenant pour a^2 et $\psi(a^2)$ les expressions suivantes

$$a^2 = \frac{x^2}{1+t} + \frac{m^2y^2}{1+m^2t} + \frac{n^2z^2}{1+n^2t},$$

$$\psi(a^2) = F(A) - F(a) = \int_a^A \varphi(a)a\,da,$$

et t_1 étant la racine positive de l'équation

$$\frac{x^2}{1+t_1} + \frac{m^2y^2}{1+m^2t_1} + \frac{n^2z^2}{1+n^2t_1} = A^2.$$

On a

$$\psi'(a^2) = -\tfrac{1}{2}\varphi(a) = -\frac{g}{2}\frac{1}{\sqrt{A^2-a^2}},$$

et il en résulte, pour le potentiel de l'ellipsoïde,

$$V = 2n\rho \int_{t_1}^{\infty} \sqrt{A^2 - \frac{x^2}{1+t} - \frac{m^2y^2}{1+m^2t} - \frac{n^2z^2}{1+n^2t}}\,\frac{dt}{\sqrt{(1+t)(1+m^2t)(1+n^2t)}}.$$

Pour obtenir le potentiel de la couche elliptique, faisons C infiniment petit ou n infiniment grand, et nous aurons

$$V = 2\rho \int_{t_1}^{\infty} \frac{\sqrt{A^2 - \frac{x^2}{1+t} - \frac{m^2y^2}{1+m^2t} - \frac{z^2}{t}}}{\sqrt{(1+t)(1+m^2t)t}}\,dt,$$

et, en remplaçant t par $\frac{s}{A^2}$, nous obtiendrons la formule (2).

17. Nous allons vérifier la formule (2), ainsi que l'a fait Riemann.

En général, si une fonction V de x, y, z satisfait aux conditions suivantes :

1° V est une fonction continue de x, y, z, ainsi que ses dérivées du premier ordre en dehors d'une surface σ;

2° V satisfait à l'équation $\Delta V = 0$ dans tout l'espace, excepté sur cette surface;

3° Dans toute l'étendue de σ, on a

$$\frac{dV}{dN} + \frac{dV}{dN'} = -4\pi\rho,$$

dN et dN' étant les éléments de normale menés de part et d'autre de σ;

4° La quantité $V\sqrt{x^2+y^2+z^2}$ reste finie quand le point (x, y, z) s'éloigne à l'infini;

Alors V représente le potentiel d'une couche infiniment mince de matière distribuée sur σ et dont la densité est ρ en chaque point. Cette proposition se démontre absolument comme celle du n° **15** du Chapitre I.

Si l'on regarde x, y, z comme des coordonnées variables et σ comme un paramètre variable, l'équation

$$\frac{x^2}{A^2+\sigma} + \frac{y^2}{B^2+\sigma} + \frac{z^2}{\sigma} = 1 \tag{6}$$

représentera un système d'ellipsoïdes homofocaux dont les foyers sont sur les axes des x et des y, et la limite des plus petits ellipsoïdes sera précisément l'ellipse (1). Il est évident que cette équation en σ a une et une seule racine positive; les deux autres sont négatives et comprises, l'une entre $-\infty$ et $-A^2$, l'autre entre $-A^2$ et zéro.

L'équation (6) peut s'écrire

$$\sigma(\sigma+A^2)(\sigma+B^2) - \sigma(\sigma+B^2)x^2 - \sigma(\sigma+A^2)y^2 - (\sigma+A^2)(\sigma+B^2)z^2 = 0;$$

donc, quand $z = 0$, une des trois racines devient égale à zéro.

Si z n'est pas nul, le produit des trois racines est positif. Or, quand z est nul, le produit des deux racines autres que celle qui est nulle est

$$\alpha^2\beta^2 - \beta^2x^2 - \alpha^2y^2$$

et, par suite, négatif ou positif, suivant que le point (x, y) sera hors de l'ellipse (1) ou dans cette ellipse. D'après cela, la racine qui devient nulle est négative ou positive, suivant que le point (x, y) est en dehors ou en dedans de cette ellipse.

Donc, pour $z = 0$, la plus grande racine de l'équation (6), que nous désignerons alors par σ', est plus grande que zéro si le point (x, y, z) est en dehors du cylindre

$$\frac{X^2}{A^2} + \frac{Y^2}{B^2} = 1,$$

et σ' est égal à zéro si le point (x, y, z) est à l'intérieur de ce cylindre. Ces remarques nous serviront plus loin.

Posons, pour abréger,

$$1 - \frac{x^2}{s + A^2} - \frac{y^2}{s + B^2} - \frac{z^2}{s} = H.$$

nous aurons

$$(7) \qquad V = \pi\rho \int_\sigma^\infty \frac{\sqrt{H}\,ds}{\sqrt{s\left(1 + \frac{s}{A^2}\right)\left(1 + \frac{s}{B^2}\right)}}.$$

18. Pour éviter, dans le calcul des dérivées de V, les différentiations par rapport à la limite inférieure, Riemann remplace l'intégration prise pour des valeurs réelles par une intégration prise pour des valeurs imaginaires.

Soit posé $s = \xi + \eta\sqrt{-1}$ et regardons ξ comme l'abscisse et η comme l'ordonnée d'un point d'un plan, par rapport à des axes rec-

Fig. 6.

tangulaires. Menons la ligne droite qui va du point $s = \sigma$ au point $s = \infty$; puis menons une courbe L qui renferme cette droite et qui s'en écarte infiniment peu ; nous pouvons regarder cette ligne comme fermée ; elle ne renfermera ni le point $s = -A^2$, ni le point $s = -B^2$. Elle ne contiendra pas non plus le point $s = 0$, si nous supposons que l'on n'a pas $\sigma = \sigma' = 0$, ce qui ne peut avoir lieu que si le point (x, y, z) vient sur le plan des x, y et dans l'intérieur de l'ellipse

$$z = 0, \quad \frac{x^2}{A^2} + \frac{y^2}{B^2} = 1.$$

Le contour L ne renfermera donc qu'un point critique de la fonction soumise au signe d'intégration, savoir le point $s = \infty$, autour duquel la fonction change de signe par le facteur $\frac{1}{\sqrt{s}}$; donc l'intégrale prise le long du contour L est égale à deux fois cette intégrale prise le long de la ligne droite qui va de $s = \sigma$ à $s = \infty$. Ainsi nous pouvons écrire

$$V = \rho \int \frac{\sqrt{H}\, ds}{\sqrt{s\left(1 + \frac{s}{A^2}\right)\left(1 + \frac{s}{B^2}\right)}},$$

en regardant l'intégrale comme prise le long du contour L.

Posons

$$s\left(1 + \frac{s}{A^2}\right)\left(1 + \frac{s}{B^2}\right) = P,$$

nous trouverons

$$\Delta\left(H^{\frac{1}{2}}\right) = -H^{-\frac{1}{2}}\left[\frac{x^2}{(s + A^2)^2} + \frac{y^2}{(s + B^2)^2} + \frac{z^2}{s^2}\right]$$
$$- H^{\frac{1}{2}}\left(\frac{1}{s + A^2} + \frac{1}{s + B^2} + \frac{1}{s}\right).$$

Or on a

$$\frac{dH}{ds} = \frac{x^2}{(s + A^2)^2} + \frac{y^2}{(s + B^2)^2} + \frac{z^2}{s^2},$$
$$\frac{d\log P}{ds} = \frac{1}{s + A^2} + \frac{1}{s + B^2} + \frac{1}{s};$$

il en résulte

$$\Delta\left(H^{\frac{1}{2}}\right) = -H^{-\frac{1}{2}}\frac{dH}{ds} - H^{\frac{1}{2}}\frac{d\log P}{ds} = -H^{-\frac{1}{2}}\frac{d\log(HP)}{ds}.$$

On a donc

$$\Delta V = -\rho \int \frac{1}{\sqrt{HP}} \frac{d\log(HP)}{ds} ds = -\rho \int (HP)^{-\frac{3}{2}} d(HP).$$

L'intégrale indéfinie a pour valeur $\frac{-2}{\sqrt{HP}}$, expression qui a une valeur parfaitement déterminée pour chaque valeur de s appartenant au contour L; donc l'intégrale prise le long de ce contour est nulle et l'on a $\Delta V = 0$, ce qui est la deuxième condition exigée.

19. On voit facilement que V, $\frac{dV}{dx}$, $\frac{dV}{dy}$ sont partout continus.

Examinons ensuite la dérivée

$$\frac{dV}{dz} = -2z\int \frac{ds}{s\sqrt{\text{HP}}},$$

où l'intégrale s'étend à toute la ligne L.

Supposons d'abord que le point (x, y, z) soit situé en dehors du cylindre

$$(a) \qquad \frac{X^2}{A^2} + \frac{Y^2}{B^2} = 1.$$

Pour $z = 0$, on a $\sigma = \sigma' > 0$ et $H = 0$; la fonction soumise au signe d'intégration renferme le facteur $\frac{1}{\sqrt{s - \sigma'}}$, qui devient infini pour $s = \sigma'$, mais il n'en résulte aucun élément infini pour l'intégrale; donc l'intégrale a une valeur finie et $\frac{dV}{dz}$ s'annule par le facteur z qui est nul. Donc, en désignant par ε un infiniment petit, on a

$$\left(\frac{dV}{dz}\right)_{z=\varepsilon} - \left(\frac{dV}{dz}\right)_{z=-\varepsilon} = 0;$$

ainsi $\frac{dV}{dz}$ est une fonction continue sur toute la partie du plan des x, y située en dehors de l'ellipse (a).

Supposons ensuite que le point (x, y, z) soit situé à l'intérieur du cylindre (a). Alors, pour $z = 0$, on a $\sigma = \sigma' = 0$ et la fonction soumise au signe d'intégration est infinie pour le point $s = 0$, qui est maintenant renfermé dans L. Dans ce contour, menons la ligne AIB (*fig.* 7) infiniment voisine de ce point et qui partage en deux parties la surface renfermée par L. Alors le contour d'intégration pourra être remplacé : 1° par la ligne AIBEA qui s'étend à l'infini; 2° par le contour infiniment petit BIADB; car la ligne AIB est parcourue en sens opposé dans les deux nouveaux contours. L'intégrale relative au premier de ces deux contours est finie et, multipliée par le facteur z, sera nulle ; il reste donc à nous occuper de l'intégrale prise le long de BIADB.

Posant $i = \sqrt{-1}$, on a

$$\int \frac{ds}{s\sqrt{H}\sqrt{P}} = \int \frac{i\,ds}{s\sqrt{z^2 - s - \frac{sx^2}{s+A^2} - \frac{sy^2}{s+B^2}}\sqrt{\left(1+\frac{s}{A^2}\right)\left(1+\frac{s}{B^2}\right)}}.$$

Quand le premier contour aura été parcouru et que l'on reviendra au point B, $\sqrt{H}$ aura changé de signe. Prenons donc cette intégrale précé-

Fig. 7.

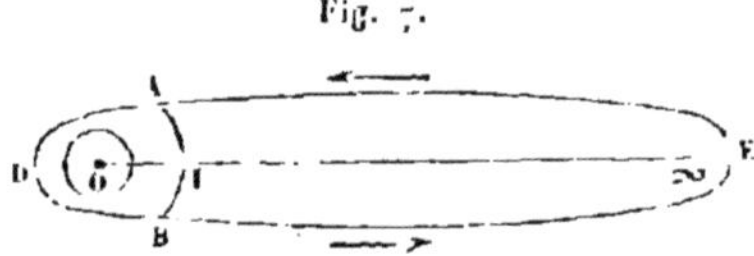

dée du signe — pour le second contour ; celui-ci, pour l'intégration, peut être remplacé par un cercle infiniment petit décrit du point $s = 0$ comme centre. Posons donc

$$s = re^{\theta i},$$

en désignant par r le rayon du cercle ; si nous supposons que r est un infiniment petit d'ordre supérieur à celui de z^2, nous trouverons, pour cette intégrale,

$$\int_0^{2\pi} \frac{d\theta}{\sqrt{z^2}} = \frac{2\pi}{\sqrt{z^2}}.$$

On aura donc

$$\frac{dV}{dz} = -\rho z \frac{2\pi}{\sqrt{z^2}}.$$

Suivant que z est positif ou négatif, on a $\sqrt{z^2} = +z$ ou $= -z$, et $\frac{dV}{dz}$ est égal à $-2\pi\rho$ ou à $+2\pi\rho$. Ainsi l'on a

$$\left(\frac{dV}{dz}\right)_{z=\varepsilon} - \left(\frac{dV}{dz}\right)_{z=-\varepsilon} = -4\pi\rho,$$

sur la surface de l'ellipse.

20. Il est évident que $\frac{dV}{dz}$ est une fonction continue dans tout le reste de l'espace. Il reste donc à prouver que

$$\lim V\sqrt{x^2+y^2+z^2}$$

a une valeur finie quand le point (x, y, z) s'éloigne à l'infini.

On a d'abord

$$P = s\left(1+\frac{s}{A^2}\right)\left(1+\frac{s}{B^2}\right) > \frac{s^3}{A^2B^2}, \quad \frac{1}{\sqrt{P}} < ABs^{-\frac{3}{2}}.$$

et la quantité

$$H = 1 - \frac{x^2}{s+A^2} - \frac{y^2}{s+B^2} - \frac{z^2}{s},$$

s'annulant pour $s=\sigma$, varie de zéro à l'unité quand s, en restant réel, croît depuis σ jusqu'à l'infini; donc, en remplaçant H par l'unité dans la formule (7), nous aurons

$$V < 2\rho\int_\sigma^\infty \frac{ds}{\sqrt{P}} < 2\rho AB\int_\sigma^\infty s^{-\frac{3}{2}}ds$$

ou

$$V < 4\rho AB\sigma^{-\frac{1}{2}},$$

$$(a) \qquad V\sqrt{\sigma} < 4\rho AB.$$

On a ensuite

$$\lim\frac{x^2+y^2+z^2}{\sigma} = \lim\left(\frac{x^2}{\sigma+A^2} + \frac{y^2}{\sigma+B^2} + \frac{z^2}{\sigma}\right) = 1$$

ou

$$(b) \qquad \lim\frac{\sqrt{x^2+y^2+z^2}}{\sigma} = 1.$$

Enfin, d'après (a) et (b), on a

$$\lim V\sqrt{x^2+y^2+z^2} < 4\rho AB.$$

Potentiel d'une couche elliptique composée de bandes infiniment étroites homogènes et homothétiques.

21. Nous avons vu (n° 15) qu'une telle couche peut être considérée comme la limite d'un corps ellipsoïdal composé de couches homogènes

et homothétiques, lorsque l'axe $2C$ devient infiniment petit, et ce corps a pour potentiel (n° 16)

$$V = 2\pi \int_{t_1}^{\infty} \psi(a^2) \frac{dt}{D},$$

en faisant

$$a^2 = \frac{x^2}{1+t} + \frac{m^2 y^2}{1+m^2 t} + \frac{n^2 z^2}{1+n^2 t}, \quad D = \sqrt{(1+t)(1+m^2 t)(1+n^2 t)}.$$

On a donc aussi, pour le potentiel de la couche examinée,

$$V = \frac{2\pi}{n} \int_{t_1}^{\infty} \psi(a^2) \frac{dt}{\sqrt{t(1+t)(1+m^2 t)}},$$

en posant

$$a^2 = \frac{x^2}{1+t} + \frac{m^2 y^2}{1+m^2 t} + \frac{z^2}{t}.$$

Supposons que la densité de la couche soit une fonction donnée $\chi(a)$ et déterminons la fonction $\frac{1}{n}\psi(a^2)$.

D'après le n° 16, nous avons, pour la densité de la couche,

$$(2) \qquad \chi(a) = \frac{2A}{n}\sqrt{1-k^2} \int_0^{\frac{\pi}{2}} \varphi\left[A\sqrt{1-(1-k^2)\cos^2\theta}\right] \cos\theta \, d\theta;$$

nous avons aussi

$$\varphi(a) = -2\psi'(a^2);$$

posons, pour simplifier,

$$(3) \qquad \frac{1}{n}\psi'[A^2(1-x)] = -\frac{1}{4A} f'(x),$$

et faisons, de plus,

$$1 - k^2 = u;$$

comme on a

$$a = Ak = A\sqrt{1-u},$$

$\chi(a)$ est une fonction de u, $\varpi(u)$, et l'équation (2) devient

$$\varpi(u) = \sqrt{u} \int_0^{\frac{\pi}{2}} f'(u\cos^2\theta) \cos\theta \, d\theta;$$

il faut en tirer la fonction f.

Changeons la variable θ, en posant

$$u\cos^2\theta = v,$$

et nous aurons

$$\varpi(u) = \frac{1}{2}\int_0^u f'(v)\frac{dv}{\sqrt{u-v}}.$$

Multipions par $\frac{du}{\sqrt{\alpha-u}}$ et intégrons de zéro à α; nous aurons

$$\int_0^\alpha \frac{\varpi(u)\,du}{\sqrt{\alpha-u}} = \frac{1}{2}\int_0^\alpha \frac{du}{\sqrt{\alpha-u}}\int_0^u f'(v)\frac{dv}{\sqrt{u-v}}.$$

L'intégration peut s'effectuer par rapport à u et, comme on a évidemment, en général,

$$\int_0^a dx\int_0^x f(x,y)\,dy = \int_0^a dy\int_y^a f(x,y)\,dx,$$

puisque ces deux intégrales doubles représentent un même volume, on obtient, par l'application de cette formule,

$$\int_0^\alpha \frac{\varpi(u)\,du}{\sqrt{\alpha-u}} = \frac{1}{2}\int_0^\alpha f'(v)\,dv\int_v^\alpha \frac{du}{\sqrt{(\alpha-u)(u-v)}};$$

α étant $> v$, on a

$$\int \frac{du}{\sqrt{(\alpha-u)(u-v)}} = \text{arc cos}\,\frac{\alpha+v-2u}{\alpha-v};$$

il en résulte

$$\int_0^\alpha \frac{\varpi(u)\,du}{\sqrt{\alpha-u}} = \frac{\pi}{2}\int_0^\alpha f'(v)\,dv$$

ou

(7) $$f(\alpha) = \frac{2}{\pi}\int_0^\alpha \frac{\varpi(u)\,du}{\sqrt{\alpha-u}} + \text{const.}$$

De la formule (3) on tire

$$\frac{1}{n}\psi[A^2(1-x)] = \frac{A}{4}f(x)$$

ou

$$\frac{1}{n}\psi(a^2) = \frac{A}{4}f\left(\frac{A^2-a^2}{A^2}\right).$$

Comme $\psi(a^2)$ s'annule pour $a = A$, la constante arbitraire de la formule (γ) doit être supprimée; on a donc

$$\frac{1}{n}\psi(a^2) = \frac{A}{2\pi}\int_0^{\frac{A^2-a^2}{A^2}} \frac{\varpi(u)\,du}{\sqrt{\frac{A^2-a^2}{A^2}-u}}$$

ou, en remplaçant u par $\frac{A^2-s^2}{A^2}$,

$$\frac{1}{n}\psi(a^2) = \frac{1}{\pi}\int_a^A \frac{\chi(s)s\,ds}{\sqrt{s^2-a^2}}.$$

Ce calcul se trouve dans l'Ouvrage de M. Betti (*Teorica delle forze newtoniane*).

Sur l'inversion des intégrations dans une intégrale définie double.

22. Supposons deux quantités a et t liées par l'équation

$$(\alpha) \qquad a = \lambda(t);$$

désignons par t' la valeur de t pour $a = 0$ et par t_1 la valeur de t pour $a = A$.

Regardons a comme l'abscisse et t comme l'ordonnée rectangulaire d'une courbe. Le cas le plus simple de notre problème sera celui où l'arc de la courbe compris entre les points $(0, t')$ et (A, t_1) ne sera rencontré qu'en un point par une droite menée parallèlement à l'un ou l'autre des axes de coordonnées. Alors on a cette formule, qui sert à intervertir l'ordre des intégrations,

$$(\beta) \qquad \int_0^A da\int_t^{t'} \Phi(a,t)\,dt = \int_{t_1}^{t'} dt\int_{\lambda(t)}^A \Phi(a,t)\,da.$$

Pour démontrer cette formule, prenons les différentielles des deux membres par rapport à A, nous aurons, pour le premier,

$$dA \int_{t_1}^{t'} \Phi(A, t)\, dt$$

et, pour le second,

$$dA \int_{t_1}^{t'} \Phi(A, t)\, dt - \frac{dt_1}{dA} \int_{t_1}^{A} \Phi(a, t)\, da.$$

Le dernier terme est nul, puisque $\lambda(t_1)$ est égal à A. Les deux intégrales (3) sont donc composées d'éléments identiques et il ne reste plus qu'à remarquer qu'elles s'annulent pour $A = 0$; cela est évident pour la première, et la seconde s'annule aussi, puisque, pour $A = 0$, on a $t_1 = t'$.

Il est facile de voir pourquoi le raisonnement qui précède est en défaut, lorsque l'arc de courbe qui joint les deux points $(0, t')$ et (A, t_1) est rencontré en plusieurs points par une parallèle à l'un des axes de coordonnées.

En général, dans une intégrale telle que la première (3), prise entre les deux constantes zéro et A, da est considéré comme ayant constamment le même signe et celui de A; de même, dans la seconde, dt est généralement considéré comme ayant constamment le signe de $t' - t_1$. Or, d'après la démonstration qui en a été donnée, la formule (3) sera applicable, pourvu que l'on regarde da, dans la première intégrale, et dt, dans la seconde, comme prenant des signes variables.

Soit MB_1B_2P (*fig.* 8) l'arc de la courbe (α) compris entre les deux

Fig. 8.

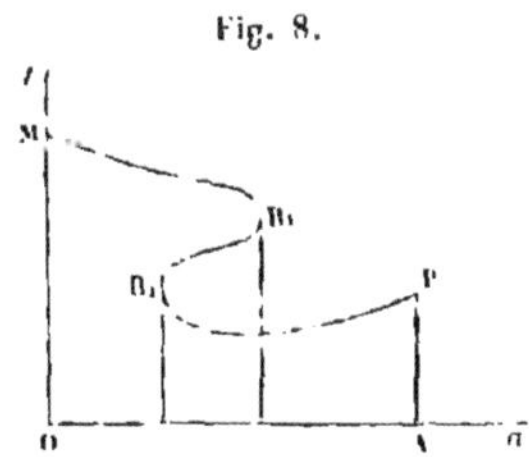

points (O, t') et (A, t_1) et soient B_1 et B_2 deux points de cet arc en lesquels la tangente est parallèle à l'axe des t. Si nous supposons qu'un point parcoure cet arc dans le sens MB_1B_2P, da sera positif sur MB_1, négatif sur B_1B_2, positif sur B_2P. Désignons par α_1 et α_2 les abscisses de B_1 et B_2 et représentons les valeurs de t sur MB_1, B_1B_2 et B_2P respectivement par $\chi_1(a)$, $\chi_2(a)$, $\chi_3(a)$. La première intégrale (3) pourra se décomposer ainsi

$$\int_0^A H(a,t)\,da = \int_0^{\alpha_1} H[a,\chi_1(a)]\,da + \int_{\alpha_1}^{\alpha_2} H[a,\chi_2(a)]\,da + \int_{\alpha_2}^{A} H[a,\chi_3(a)]\,da.$$

23. Considérons, parce que nous en aurons besoin plus loin, le cas particulier où l'arc n'est coupé qu'en un point par une parallèle à l'axe

Fig. 9.

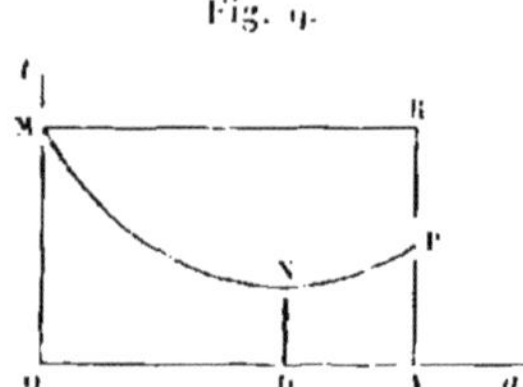

des t, mais peut être coupé en deux points par une parallèle à l'axe des a (*fig.* 9).

Alors l'intégrale du premier membre de (3) s'expliquera parfaitement, sans qu'on soit obligé de faire la convention précédente, puisque a va constamment en croissant quand un point parcourt l'arc MNP sans rebrousser chemin.

On voit facilement que cette intégrale représente le volume d'un corps prismatique ayant pour base MNPR et terminé à la surface $Z = \Phi(a,t)$.

Examinons ensuite la seconde intégrale (3). Désignons par m la plus petite valeur de t représentée par ND sur la figure; cette intégrale pourra se décomposer ainsi

$$\int_{t_1}^{t} \Psi(t,a)\,dt = \int_{t_1}^{m} \Psi(t,a)\,dt + \int_{m}^{t} \Psi(t,a)\,dt.$$

Désignons par $\lambda_1(t)$ et $\lambda_2(t)$ les valeurs de a sur l'arc NP et sur l'arc NM; nous aurons

$$\int_{t_1}^{t} \Psi(t,a)\,dt = \int_{t_1}^{m} \Psi[t,\lambda_1(t)]\,dt + \int_{m}^{t} \Psi[t,\lambda_2(t)]\,dt$$

$$= \int_{t_1}^{t} \Psi[t,\lambda_2(t)]\,dt + \int_{m}^{t_1} \Psi\{[t,\lambda_2(t)] - \Psi[t,\lambda_1(t)]\}\,dt.$$

24. Nous aurons encore à considérer le cas particulier où $\Phi(a,t)$ est de la forme

$$\varphi(a)\psi[a,\lambda(t)]F(t)$$

Alors la formule (3) deviendra

$$\int_{0}^{A} \varphi(a)\,da \int_{t}^{t'} \psi[a,\lambda(t)]F(t)\,dt$$

$$= \int_{t_1}^{t} F(t)\,dt \int_{\lambda(t)}^{A} \psi[u,\lambda(t)]\varphi(u)\,du$$

ou

$$= \int_{t_1}^{t} F(t)\,dt \int_{a}^{A} \psi(u,a)\varphi(u)\,du.$$

Potentiel d'un cylindre elliptique droit de longueur finie.

25. Soit un corps homogène compris entre le cylindre elliptique

$$\frac{x^2}{a^2} + \frac{y^2}{b^2} = 1$$

et les deux plans

$$z = 0, \quad z = \mathrm{H}.$$

Prenons la densité du corps pour unité et divisons-le en tranches parallèles au plan des x, y et dont la hauteur infiniment petite soit dh. D'après ce qui a été vu (nº 15), le potentiel de la tranche située sur le plan des x, y a pour valeur

$$2\,dh \int_{\sigma}^{\infty} \sqrt{1 - \frac{x^2}{s+a^2} - \frac{y^2}{s+b^2} - \frac{z^2}{s}}\;\frac{ds}{\mathrm{D}},$$

en posant

$$D = \sqrt{s\left(1 + \frac{s}{a^2}\right)\left(1 + \frac{s}{b^2}\right)},$$

et la limite inférieure ε étant la racine positive de l'équation

$$\frac{x^2}{s + a^2} + \frac{y^2}{s + b^2} + \frac{z^2}{s} = 1.$$

Pour avoir le potentiel v de la tranche située à la hauteur h, il faudra changer z en $z - h$ dans l'expression précédente, et nous aurons

$$v = 2\,dh \int_{\varepsilon}^{\infty} \sqrt{1 - \frac{x^2}{s + a^2} - \frac{y^2}{s + b^2} - \frac{(z - h)^2}{s}}\,\frac{ds}{D},$$

la limite inférieure ε étant la racine positive de l'équation

$$(1) \qquad \frac{x^2}{s + a^2} + \frac{y^2}{s + b^2} + \frac{(z - h)^2}{s} = 1.$$

Nous aurons donc, pour le potentiel du cylindre compris entre les plans $z = 0$ et $z = H$,

$$V = 2 \int_0^H dh \int_{\varepsilon}^{\infty} \sqrt{1 - \frac{x^2}{s + a^2} - \frac{y^2}{s + b^2} - \frac{(z - h)^2}{s}}\,\frac{ds}{D},$$

où l'intégration doit s'effectuer d'abord par rapport à s, puis par rapport à h; mais, comme l'intégration indéfinie peut s'effectuer par rapport à h et point par rapport à s, nous allons intervertir l'ordre des intégrations.

Si nous posons

$$\theta(s) = \sqrt{s\left(1 - \frac{x^2}{s + a^2} - \frac{y^2}{s + b^2}\right)},$$

l'équation (1) pourra s'écrire

$$(2) \qquad h = z \pm \theta(s).$$

Représentons le second membre par $\lambda(s)$, nous aurons

$$V = 2 \int_0^H dh \int_{\varepsilon}^{\infty} \sqrt{\frac{[\lambda(s) - z]^2 - (h - z)^2}{s}}\,\frac{ds}{D}.$$

Désignons par s' la valeur de s pour $h = 0$: V pourra se décomposer en deux parties de la manière suivante :

$$V = 2\int_0^{H} dh \int_s^{s'} \Phi(h, s)\, ds + 2\int_0^{H} dh \int_{s'}^{\infty} \Phi(h, s)\, ds;$$

les limites de la seconde intégrale étant constantes, on peut y intervertir l'ordre des intégrations sans en changer les limites, et la première intégrale peut être transformée par la formule du n° 24 ; nous aurons donc

$$(3)\quad \left\{ \begin{aligned} V &= 2\int_{\sigma}^{s'} \frac{ds}{s\sqrt{\left(1+\frac{s}{a^2}\right)\left(1+\frac{s}{b^2}\right)}} \int_h^{H} \sqrt{(h-z)^2-(u-z)^2}\, du \\ &+ 2\int_{s'}^{\infty} \frac{ds}{s\sqrt{\left(1+\frac{s}{a^2}\right)\left(1+\frac{s}{b^2}\right)}} \int_0^{H} \sqrt{\psi(s)^2-(h-z)^2}\, dh, \end{aligned} \right.$$

la limite inférieure σ de la première intégrale étant la valeur de s pour $h = H$, c'est-à-dire la racine positive de l'équation

$$\frac{x^2}{\sigma + a^2} + \frac{y^2}{\sigma + b^2} + \frac{(z - H)^2}{\sigma} = 1.$$

Mais il faut avoir soin de comprendre la première des deux intégrales doubles selon ce qui a été dit (n° 22) ; ce qui nécessite les considérations suivantes.

26. Dans l'équation (1) posons $z - h = z'$; nous aurons

$$(4)\qquad \frac{x^2}{s + a^2} + \frac{y^2}{s + b^2} + \frac{z'^2}{s} = 1,$$

et représentons la racine positive de cette équation par

$$s = \psi(z'^2).$$

Si l'on regarde x, y, z' comme des coordonnées courantes et s comme un paramètre, l'équation (4) représente des ellipsoïdes homofocaux dont les dimensions grandissent avec s. Donc, x et y étant supposés constants, quand z' grandit, s va aussi en croissant. Remettons $h - z$ au lieu de z'; nous aurons

$$s = \psi[(h - z)^2] = \chi(h);$$

donc s aura sa plus petite valeur pour $h = z$ et il ira constamment en croissant depuis cette valeur de h jusqu'à $h = \pm\infty$.

Construisons la courbe dont h est l'abscisse et s l'ordonnée (*fig.* 10); soit B son point le plus bas qui correspond à l'abscisse OA $= z$; la courbe est symétrique par rapport à la droite BA.

Fig. 10.

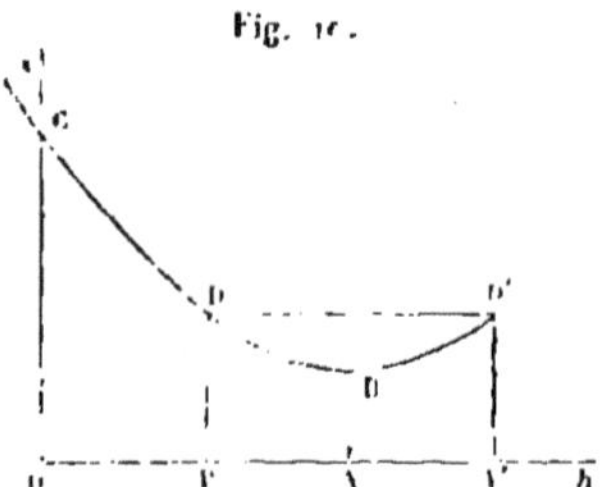

Distinguons deux cas suivant que le point (x, y, z) est situé en dehors de l'espace compris entre les plans prolongés des deux bases du cylindre ou qu'il est situé dans cet espace. Dans le premier cas, on peut supposer $z > H$; dans le second cas, z est compris entre o et H.

Supposons d'abord $H < z$; prenons OP $=$ H; soit PD l'ordonnée correspondante de la courbe. On a PD $= \sigma$ et OC $= s'$. Si un point se meut sur la courbe depuis D jusqu'à C, ds reste constamment positif; donc aussi ds est constamment positif dans la première intégrale (3).

Supposons ensuite $H > z$; prenons l'abscisse OP' $=$ H. Soit P'D' $= \sigma$. Si un point se meut sur la courbe et va de D' en C, ds sera négatif de D' en B et positif de B en C.

27. On a

$$2\int \sqrt{(h - z)^2 - (u - z)^2}\, du$$
$$= (u - z)\sqrt{(h - z)^2 - (u - z)^2} + (h - z)^2 \arcsin \frac{u - z}{\sqrt{(h - z)^2}}$$

Si z est $> H$, il sera aussi $> h$ et il faudra constamment prendre le signe $-$ dans la formule (2); ainsi nous aurons

$$2\int_h^H \sqrt{(h-z)^2-(u-z)^2}\,du$$
$$= (H-z)\sqrt{(h-z)^2-(H-z)^2} + (h-z)^2 \arcsin\frac{H-z}{z-h} + (h-z)^2\frac{\pi}{2}$$

ou, en remplaçant $h - z$ par $-\theta(s)$,

$$2\int_h^H \sqrt{(h-z)^2-(u-z)^2}\,du$$
$$= (H-z)\sqrt{\theta(s)^2-(H-z)^2} + \theta(s)^2\left[\arcsin\frac{H-z}{\theta(s)} + \frac{\pi}{2}\right].$$

Donc, si z est $> H$, on a

$$V = \int_\sigma^{s''} \frac{ds}{s\sqrt{\left(1+\frac{s}{a^2}\right)\left(1+\frac{s}{b^2}\right)}}\left[(H-z)\sqrt{\theta(s)^2-(H-z)^2}+\theta(s)^2 \arccos\frac{z-H}{\theta(s)}\right] + U,$$

en posant

$$U = \int_{s''}^{s'} \frac{ds}{s\sqrt{\left(1+\frac{s}{a^2}\right)\left(1+\frac{s}{b^2}\right)}}\left\{\begin{aligned}&(H-z)\sqrt{\theta(s)^2-(H-z)^2}+z\sqrt{\theta(s)^2-z^2}\\ &+\theta(s)^2\left[\arcsin\frac{H-z}{\theta(s)}+\arcsin\frac{z}{\theta(s)}\right]\end{aligned}\right\}.$$

Si z est compris entre zéro et H, il faudra prendre dans la formule (2) le signe $+$ ou $-$ suivant que h sera plus grand ou plus petit que z.

Dans la première intégrale (3), il faut alors admettre que la variable s, par rapport à laquelle on intègre, va de σ à m, valeur minimum de s, puis de m à s', et nous pourrons décomposer ainsi cette intégrale

$$\int_\sigma^m H(h,s)\,ds + \int_m^{s'} H(h,s)\,ds,$$

en posant

$$H(h,s) = \frac{1}{s\sqrt{\left(1+\frac{s}{a^2}\right)\left(1+\frac{s}{b^2}\right)}}\,2\int_h^H \sqrt{(h-z)^2-(u-z)^2}\,du;$$

pour la première partie, il faudra prendre h dans (2) avec le signe $+$, pour la seconde avec le signe $-$; ainsi cette expression deviendra

$$\int_\sigma^m \Pi[z+\theta(s),s]\,ds + \int_m^\varsigma \Pi[z-\theta(s),s]\,ds$$

$$= \int_\sigma^\varsigma \Pi[z-\theta(s),s]\,ds + \int_m^\sigma \big\{\Pi[z-\theta(s),s] - \Pi[z+\theta(s),s]\big\}\,ds.$$

Suivant que z est $< h$ ou $> h$, on a

$$2\int_h^{\mathrm{H}} \sqrt{(h-z)^2-(u-z)^2}\,du = (\mathrm{H}-z)\sqrt{\theta(s)^2-(\mathrm{H}-z)^2}$$
$$+\,\theta(s)^2\left[\arc\sin\frac{\mathrm{H}-z}{\theta(s)} \mp \frac{\pi}{2}\right]$$

et par suite on a

$$\Pi[z-\theta(s),s] - \Pi[z+\theta(s),s] = \frac{\pi\theta(s)^2}{s\sqrt{\left(1+\frac{s}{a^2}\right)\left(1+\frac{s}{b^2}\right)}}.$$

Donc, si z est compris entre o et H, on obtient

$$\mathrm{V} = \int_\sigma^{\varsigma} \frac{ds}{s\sqrt{\left(1+\frac{s}{a^2}\right)\left(1+\frac{s}{b^2}\right)}}\left[(\mathrm{H}-z)\sqrt{\theta(s)^2-(\mathrm{H}-z)^2} - \theta(s)^2 \arccos\frac{\mathrm{H}-z}{\theta(s)}\right]$$
$$+\,\pi\int_m^\sigma \frac{\theta(s)^2\,ds}{s\sqrt{\left(1+\frac{s}{a^2}\right)\left(1+\frac{s}{b^2}\right)}} + \mathrm{U}.$$

La dernière intégrale peut se calculer exactement, puisque l'on a

$$\int \frac{\theta(s)^2\,ds}{s\sqrt{\left(1+\frac{s}{a^2}\right)\left(1+\frac{s}{b^2}\right)}} = ab\log\left[\frac{a^2+b^2}{2} + s + \sqrt{(a^2+s)(b^2+s)}\right]$$
$$-\frac{2abx^2}{a^2-b^2}\left(\frac{b^2+s}{a^2+s}\right)^{\frac{1}{2}} + \frac{2aby^2}{a^2-b^2}\left(\frac{a^2+s}{b^2+s}\right)^{\frac{1}{2}}.$$

Sur la détermination des lignes de force.

28. Les lignes de force, provenant d'un système de masses, sont, en chacun de leurs points, tangentes à la résultante des forces qui agissent en ce point. D'après cela, si x, y, z sont les coordonnées rectangulaires d'un point d'une ligne de force et si dx, dy, dz sont les projections d'un élément de cette ligne, nous aurons les équations

$$(1) \qquad \frac{dx}{\frac{dV}{dx}} = \frac{dy}{\frac{dV}{dy}} = \frac{dz}{\frac{dV}{dz}},$$

et ce sont les équations différentielles de ces lignes.

Il est aisé de rapporter ces équations à un système de coordonnées curvilignes, provenant d'un triple système de surfaces orthogonales. Désignons par s, s_1, s_2 les trois lignes d'intersection de ces surfaces qui passent par le point (x, y, z). En considérant les composantes de la force suivant les tangentes en ce point à ces trois lignes, nous aurons les équations toutes semblables aux équations (1)

$$\frac{ds}{\frac{dV}{ds}} = \frac{ds_1}{\frac{dV}{ds_1}} = \frac{ds_2}{\frac{dV}{ds_2}},$$

et, en introduisant les variables ρ, ρ_1, ρ_2, selon ce qui a été dit (Chap. IV, n° 21), nous aurons ces équations

$$\frac{d\rho}{h^2\frac{dV}{d\rho}} = \frac{d\rho_1}{h_1^2\frac{dV}{d\rho_1}} = \frac{d\rho_2}{h_2^2\frac{dV}{d\rho_2}},$$

que l'on peut écrire ainsi

$$(2) \qquad \frac{d\rho}{\frac{h}{h_1 h_2}\frac{dV}{d\rho}} = \frac{d\rho_1}{\frac{h_1}{h_2 h}\frac{dV}{d\rho_1}} = \frac{d\rho_2}{\frac{h_2}{h h_1}\frac{dV}{d\rho_2}}.$$

D'ailleurs V satisfait à l'équation $\Delta V = 0$, qui, d'après le même numéro, peut s'écrire

$$(3)\qquad \frac{d}{d\rho}\left(\frac{h}{h_1 h_2}\frac{dV}{d\rho}\right)+\frac{d}{d\rho_1}\left(\frac{h_1}{h_2 h}\frac{dV}{d\rho_1}\right)+\frac{d}{d\rho_2}\left(\frac{h_2}{h h_1}\frac{dV}{d\rho_2}\right)=0.$$

Or on a le théorème suivant, que Jacobi a appelé le *principe du dernier multiplicateur* :

Si, dans les équations différentielles simultanées,

$$(A)\qquad \frac{d\rho}{U}=\frac{d\rho_1}{U_1}=\frac{d\rho_2}{U_2},$$

U, U_1, U_2 *sont des fonctions de* ρ, ρ_1, ρ_2 *qui satisfont à l'équation*

$$\frac{dU}{d\rho}+\frac{dU_1}{d\rho_1}+\frac{dU_2}{d\rho_2}=0,$$

et si, de plus, on connaît une intégrale du système (A)

$$(B)\qquad f(\rho, \rho_1, \rho_2)=c_1,$$

où c_1 *désigne une constante arbitraire, on obtiendra immédiatement l'autre intégrale, en posant l'équation*

$$\int \frac{d\rho_2}{dc_1}(U_1\, d\rho - U\, d\rho_1)=c_2,$$

dans laquelle c_2 *est une constante arbitraire et où* ρ_2 *est supposé exprimé en fonction de* ρ, ρ_1, c_1, *au moyen de l'équation* (B).

Il suit de là que, si l'on connaît une intégrale des équations (2), on obtiendra la seconde en posant

$$\int \frac{d\rho_2}{dc_1}\left(\frac{h_1}{h_2 h}\frac{dV}{d\rho_1}d\rho-\frac{h}{h_1 h_2}\frac{dV}{d\rho}d\rho_1\right)=c_2$$

et en effectuant la quadrature.

29. Il y a deux cas qui peuvent être traités de cette sorte : celui où l'équation

$$(4)\qquad V=\text{const.}$$

représente des cylindres indéfinis parallèles et celui où elle représente des surfaces de révolution autour d'un même axe. En effet, l'une des intégrales sera l'équation d'un plan, puisque, dans le premier cas, ces lignes seront dans un plan perpendiculaire aux cylindres et, dans le second cas, elles seront dans un plan passant par l'axe de révolution. Mais on peut traiter ces deux cas directement.

Supposons que l'équation (4) représente des cylindres indéfinis parallèles à l'axe des z. La fonction V ne renfermera pas z et les équations (1) deviendront

$$\frac{dV}{dy}dx - \frac{dV}{dx}dy = 0, \quad dz = 0; \tag{5}$$

on aura donc l'intégrale

$$z = c_1,$$

et, comme on a

$$\frac{d^2V}{dx^2} + \frac{d^2V}{dy^2} = 0,$$

le premier membre de l'équation (5) est une différentielle exacte et il reste à faire une quadrature.

Supposons que l'équation (4) représente des surfaces de révolution autour de l'axe des z; posons

$$x^2 + y^2 = u^2$$

et désignons par θ l'angle d'un plan méridien avec le plan des zx, alors

$$\theta = c_1 \tag{6}$$

sera l'une des intégrales des lignes de force. Ensuite l'équation des trajectoires orthogonales des courbes représentées par (4) et (6) est

$$\frac{dV}{dz}du - \frac{dV}{du}dz = 0. \tag{7}$$

Or l'équation $\Delta V = 0$ devient

$$\frac{d^2V}{dz^2} + \frac{d^2V}{du^2} + \frac{1}{u}\frac{dV}{du} = 0$$

ou

$$\frac{d\left(u\frac{dV}{dz}\right)}{dz} = -\frac{d\left(u\frac{dV}{du}\right)}{du}.$$

Donc, si l'on multiplie le premier membre de l'équation (7) par u, il devient une différentielle exacte et l'on a pour les lignes de force

$$\theta = c_1, \quad \int u\left(\frac{dV}{dz}\,du - \frac{dV}{du}\,dz\right) = c_2.$$

Lignes de force d'un ellipsoïde de révolution.

30. Supposons un ellipsoïde de révolution formé de couches homothétiques. Faisons $b = a$ ou $m = 1$ dans les formules du nº 11 et nous aurons pour le potentiel de ce corps sur un point extérieur

$$V = 2\pi \int_{t_1}^{\infty} \psi(K)\frac{dt}{D},$$

en posant

$$D = (1+t)\sqrt{1+n^2 t}, \quad u^2 = x^2 + y^2,$$

$$K = a^2 = \frac{u^2}{1+t} + \frac{n^2 z^2}{1+n^2 t},$$

$$\psi(a^2) = 2\int_a^{A} \varphi(a)\,a\,da$$

et t_1 étant la racine positive de l'équation

$$\frac{u^2}{1+t_1} + \frac{n^2 z^2}{1+n^2 t_1} = A^2. \tag{a}$$

Formons l'équation (7) du numéro précédent en la multipliant par u, et, remarquant que $\psi(A^2) = 0$, nous aurons l'équation

$$2u\,du\int_{t_1}^{\infty} \psi'(K)\frac{n^2 z}{1+n^2 t}\,\frac{dt}{D} - 2u\,dz\int_{t_1}^{\infty} \psi'(K)\,\frac{u}{1+t}\,\frac{dt}{D} = 0, \tag{b}$$

dont le premier membre est une différentielle exacte.

Or on sait que, si l'on a

$$dU = F(x,y)\,dx + F_1(x,y)\,dy,$$

on en conclura, en désignant par α, β deux constantes arbitraires,

$$U = \int_{\alpha}^{x} F(x,y)\,dx + \int_{\beta}^{y} F_1(\alpha,y)\,dy,$$

et l'on peut souvent choisir z de manière que la seconde intégrale s'annule.

Donc, si nous désignons par dU le premier membre de l'équation (b), nous obtiendrons

$$U = z\int_0^u du \int_{t_1}^{\tau} \psi'(K)\frac{2u}{\frac{1}{u^2}+t}\,\frac{dt}{D},$$

et, comme on a

$$\psi'(K)\frac{2u}{1+t} = \psi'(K)\frac{dK}{du} = \frac{d\psi(K)}{du},$$

il en résulte

$$U = u^2 z\int_0^u du \int_{t_1}^{\tau} \frac{d\psi(K)}{du}\,\frac{1+t}{1+u^2 t}\,\frac{dt}{D}$$
$$= u^2 z\int_0^u du \int_{t_1}^{\tau} \frac{d\psi(K)}{du}\,\frac{dt}{(1+u^2 t)^{\frac{3}{2}}}.$$

Cette intégrale double peut être remplacée par une intégrale simple. En effet, posons

$$\int_0^u du \int_{t_1}^{\tau} \frac{d\psi(K)}{du}\,\frac{dt}{(1+u^2 t)^{\frac{3}{2}}} = \int_{t_1}^{\tau} \varphi(K)\chi(t)\,dt + \Lambda(z),$$

$\varphi(K)$, $\chi(t)$, $\Lambda(z)$ étant des fonctions à déterminer ; puis différentions les deux membres par rapport à u et nous aurons

$$\int_{t_1}^{\tau} \frac{d\psi(K)}{du}\,\frac{dt}{(1+u^2 t)^{\frac{3}{2}}} = \int_{t_1}^{\tau} \frac{d\varphi(K)}{du}\chi(t)\,dt - \varphi(K_1)\chi(t_1)\frac{dt_1}{du},$$

K_1 étant la valeur de K pour $t = t_1$. On satisfera à cette équation en posant

$$\varphi(K) = \psi(K), \quad \chi(t) = \frac{1}{(1+u^2 t)^{\frac{3}{2}}};$$

car on aura alors

$$\varphi(K_1) = \psi(K_1) = \psi(\Lambda^2) = 0.$$

Il en résulte

$$U = u^2 z\int_{t_1}^{\tau} \psi(K)\frac{dt}{(1+u^2 t)^{\frac{3}{2}}} + \lambda(z).$$

Pour obtenir $\chi(z)$, formons la différentielle de U par rapport à z, et égalons-la au second terme de la formule (b); nous trouvons ainsi que $\chi(z)$ est nul. Nous avons donc enfin pour l'équation des lignes de force dans leur plan méridien

$$(c)\qquad z\int_{t_1}^{\infty}\varphi(K)\,\frac{dt}{(1+n^2t)^{\frac{3}{2}}}=\text{const.},$$

t_1 étant une fonction de u et z, fournie par l'équation (a).

Cette formule a été donnée par M. Betti. Si l'on suppose que n soit infiniment grand, l'ellipsoïde se changera en une couche circulaire infiniment mince dont la densité variera avec la distance au centre (nos 15 et 21). On aura alors

$$K=\frac{u^2}{1+t}+\frac{z^2}{t};$$

la fonction $\frac{1}{n}\varphi(a^2)$ sera déterminée d'après le n° 21, et l'équation (c) deviendra

$$z\int_{t_1}\frac{\varphi(K)}{n}\,\frac{dt}{t^{\frac{3}{2}}}=\text{const.}$$

Cette équation avait été donnée avant l'équation (c), par M. Beltrami.

31. Si l'ellipsoïde est entièrement homogène, l'équation (c) des lignes de force deviendra

$$z\int_{t_1}^{\infty}\left(A^2-\frac{u^2}{1+t}-\frac{n^2z^2}{1+n^2t}\right)\frac{dt}{(1+n^2t)^{\frac{3}{2}}}=\text{const.}$$

ou, si l'on pose, en supposant l'ellipsoïde aplati,

$$t=\frac{\rho^2}{A^2}-1,\quad A^2-\frac{A^2}{n^2}=\gamma^2,\quad t_1=\frac{\rho_1^2}{A^2}-1,$$

$$(d)\qquad z\int_{\rho_1}^{\infty}\left(1-\frac{u^2}{\rho^2}-\frac{z^2}{\rho^2-\gamma^2}\right)\frac{\rho\,d\rho}{(\rho^2-\gamma^2)^{\frac{3}{2}}}=\text{const.}$$

Décomposons cet ellipsoïde en couches homofocales. L'attraction de toutes ces couches sur un point extérieur aura une même direction et sera proportionnelle à leurs masses; chacune de ces couches a donc les mêmes lignes de force. De même un ellipsoïde formé de couches homofocales homogènes aura des lignes de force fournies par l'équation (d), qui devient, si l'on effectue la quadrature,

$$\frac{z}{\sqrt{\rho_1^2-\gamma^2}}\left[1-\frac{u^2}{\gamma^2}-\frac{z^2}{3(\rho_1^2-\gamma^2)}+\frac{u^2\sqrt{\rho_1^2-\gamma^2}}{\gamma^3}\,\text{arc tang}\,\frac{\gamma}{\sqrt{\rho_1^2-\gamma^2}}\right]=\text{const.},$$

ρ_1 étant la racine positive de l'équation

$$\frac{u^2}{\rho_1^2}+\frac{z^2}{\rho_1^2-\gamma^2}=1.$$

Si l'ellipsoïde est allongé, on changera γ^2 en $-\gamma^2$, en remarquant que l'on a

$$\frac{1}{\sqrt{-1}}\,\text{arc tang}\left(x\sqrt{-1}\right)=\frac{1}{2}\log\left(\frac{1+x}{1-x}\right);$$

et l'on obtiendra pour l'équation des lignes de force

$$\frac{z}{\sqrt{\rho_1^2+\gamma^2}}\left[1+\frac{u^2}{\gamma^2}-\frac{z^2}{3(\rho_1^2+\gamma^2)}-\frac{u^2\sqrt{\rho_1^2+\gamma^2}}{\gamma^3}\log\frac{\sqrt{\rho_1^2+\gamma^2}+\gamma}{\sqrt{\rho_1^2+\gamma^2}-\gamma}\right]=\text{const.},$$

ρ_1 étant la racine positive de l'équation

$$\frac{u^2}{\rho_1^2}+\frac{z^2}{\rho_1^2+\gamma^2}=1.$$

Lignes de force d'un cylindre elliptique indéfini.

32. Supposons un cylindre elliptique, composé de couches homogènes homothétiques. Ce cylindre peut être considéré comme un ellipsoïde dont un des axes est infini. Son potentiel est infini, mais les composantes de son attraction sont finies et l'on peut les déduire des composantes de l'attraction d'un ellipsoïde formé de couches homothétiques. Dans le n° 11 faisons $c=\infty$, $n=0$; alors, en posant

$$D=\sqrt{(1+t)(1+m^2t)},$$
$$K=a^2=\frac{x^2}{1+t}+\frac{m^2y^2}{1+m^2t},$$

et désignant par t_1 la racine positive de l'équation

$$(a) \qquad \frac{x^2}{1+t_1} + \frac{m^2 y^2}{1+m^2 t_1} = \Lambda^2,$$

nous aurons pour les composantes de l'attraction du cylindre suivant les axes des x et des y

$$(b) \qquad \frac{dV}{dx} = 4\pi x \int_{t_1}^{\infty} \frac{\psi'(K)}{1+t}\frac{dt}{D}, \qquad \frac{dV}{dy} = 4\pi y \int_{t_1}^{\infty} \psi'(K)\frac{m^2}{1+m^2 t}\frac{dt}{D}.$$

Les lignes de force sont parallèles au plan des x, y, et ont pour équation différentielle

$$\frac{dV}{dy}dx - \frac{dV}{dx}dy = 0$$

ou

$$(c) \qquad \int_{t_1}^{\infty} \psi'(K)\left(\frac{m^2 y\,dx}{1+m^2 t} - \frac{x\,dy}{1+t}\right)\frac{dt}{D} = 0.$$

Le premier membre est la différentielle exacte d'une fonction U de x et y, et nous aurons

$$(d) \qquad U = y\int_0^x dx \int_{t_1}^{\infty} \frac{m^2}{1+m^2 t}\psi'(K)\frac{dt}{D}.$$

Si l'on intègre par parties, cette formule devient

$$U = y\left[x\int_{t_1}^{\infty} \frac{m^2}{1+m^2 t}\psi'(K)\frac{dt}{D} + m^2\psi'(K_1)\int_{\frac{y^2}{\Lambda^2}-\frac{1}{m^2}}^{t_1} \frac{\sqrt{\Lambda^2(1+m^2 t_1) - m^2 y^2}}{(1+m^2 t_1)^2}\,dt_1\right],$$

K_1 étant la valeur de K pour $t = t_1$ et étant égal à Λ^2.

Or on trouve facilement

$$y m^2 \int_{\frac{y^2}{\Lambda^2}-\frac{1}{m^2}}^{t_1} \frac{\sqrt{\Lambda^2(1+m^2 t) - m^2 y^2}}{(1+m^2 t)^2}\,dt$$
$$= \frac{\Lambda^2}{m}\operatorname{arc\,tang}\frac{\sqrt{\Lambda^2(1+m^2 t_1) - m^2 y^2}}{my} - y\frac{\sqrt{\Lambda^2(1+m^2 t_1) - m^2 y^2}}{1+m^2 t_1}.$$

et, en se servant de l'équation (a),

$$= \frac{A^2}{m}\,\text{arc tang}\,\frac{x\sqrt{\frac{1}{m^2}+t_1}}{y\sqrt{1+t_1}} - \frac{xy}{\sqrt{(1+t_1)(1+m^2t_1)}}.$$

Nous avons donc

$$\begin{aligned} U &= xy\int_{t_1}^{\infty}\psi'(K)\,\frac{m^2}{1+m^2t}\,\frac{dt}{D} \\ &\quad - xy\,\frac{\psi'(A^2)}{\sqrt{(1+t_1)(1+m^2t_1)}} + \frac{A^2}{m}\,\psi'(A^2)\,\text{arc tang}\,\frac{x\sqrt{\frac{1}{m^2}+t_1}}{y\sqrt{1+t_1}}. \end{aligned}$$

Dans cette formule, où t_1 dépend de x et de y, les deux variables x et y ne se présentent pas de la même manière; modifions donc la forme de l'expression de U.

On a l'équation

$$\frac{d^2V}{dx^2}+\frac{d^2V}{dy^2}=0;$$

prenons, d'après cela, les dérivées des expressions (b), la première par rapport à x, la seconde par rapport à y, et égalons leur somme à zéro; nous aurons

$$\begin{aligned} &\int_{t_1}^{\infty}\psi'(K)\,\frac{1}{1+t}\,\frac{dt}{D} - x\,\psi'(A^2)\,\frac{1}{1+t_1}\,\frac{1}{D_1}\,\frac{dt_1}{dx} \\ &+ \int_{t_1}^{\infty}\psi'(K)\,\frac{1}{\frac{1}{m^2}+t}\,\frac{dt}{D} - y\,\psi'(A^2)\,\frac{1}{\frac{1}{m^2}+t_1}\,\frac{1}{D_1}\,\frac{dt_1}{dy} = 0 \end{aligned}$$

ou

$$\begin{aligned} &\int_{t_1}^{\infty}\psi'(K)\,\frac{1}{1+t}\,\frac{dt}{D} + \int_{t_1}^{\infty}\psi'(K)\,\frac{m^2}{1+m^2t}\,\frac{dt}{D} \\ &= \psi'(A^2)\,\frac{1}{D_1}\left(\frac{x}{1+t_1}\,\frac{dt_1}{dx} + \frac{m^2y}{1+m^2t_1}\,\frac{dt_1}{dy}\right) = \frac{2}{D_1}\,\psi'(A^2). \end{aligned}$$

Il en résulte

$$\int_{t_1}^{\infty} \psi'(K) \frac{m^2}{1+m^2 t} \frac{dt}{D} = -\int_{t_1}^{\infty} \psi'(K) \frac{1}{1+t} \frac{dt}{D} + \frac{2}{D_1} \psi'(A^2).$$

Partageons le premier terme de U en deux termes égaux à

$$\frac{xy}{2} \int_{t_1}^{\infty} \psi'(K) \frac{m^2}{1+m^2 t} \frac{dt}{D}$$

et, dans l'un de ces termes seulement, remplaçons l'intégrale par la valeur précédente; nous obtiendrons

$$U = \frac{xy}{2} \int_{t_1}^{\infty} \psi'(K) \frac{m^2}{1+m^2 t} \frac{dt}{D}$$

$$- \frac{xy}{2} \int_{t_1}^{\infty} \psi'(K) \frac{1}{1+t} \frac{dt}{D} + \frac{A^2}{m} \psi'(A^2) \operatorname{arc tang} \frac{x\sqrt{\frac{1}{m^2} + t_1}}{y\sqrt{1+t_1}}$$

ou

$$U = \frac{xy}{2} (m^2 - 1) \int_{t_1}^{\infty} \psi'(K) \frac{dt}{D^3} + \frac{A^2}{m} \psi'(A^2) \operatorname{arc tang} \frac{x\sqrt{\frac{1}{m^2} + t_1}}{y\sqrt{1+t_1}},$$

et l'équation U = const. sera celle des lignes de force.

33. Si le cylindre qui a pour demi-axes A et B est entièrement homogène, il faudra faire $\psi'(K) = -1$, et, si l'on pose

$$A^2(t+1) = \rho^2, \quad A^2 - B^2 = \beta^2,$$

et qu'on désigne par ρ_1 la racine positive de l'équation

$$\frac{x^2}{\rho_1^2} + \frac{y^2}{\rho_1^2 - \beta^2} = 1,$$

on aura

$$\frac{-1}{AB} U = \beta^2 xy \int_{\rho_1}^{\infty} \frac{d\rho}{\rho^2(\rho^2 - \beta^2)^{\frac{3}{2}}} + \operatorname{arc tang} \frac{x\sqrt{\rho_1^2 - \beta^2}}{y\rho_1}.$$

CHAPITRE V.

SUR L'ATTRACTION DE DIFFÉRENTS CORPS DÉRIVÉS DES SURFACES DU SECOND ORDRE.

10188 Paris. — Imprimerie Gauthier-Villars, quai des Augustins, 55.

www.ingramcontent.com/pod-product-compliance
Ingram Content Group UK Ltd.
Pitfield, Milton Keynes, MK11 3LW, UK
UKHW020140200726
13856UKWH00003B/782